시인광장 시인선 [1]

기호의 고고학

김백겸 시집

시인광장 시인선 ①
기호의 고고학

초판 1쇄 발행　2013년 5월 20일
초판 2쇄 발행　2016년 5월 31일

지은 이　　김백겸
펴낸 이　　우원호
펴낸 곳　　**도서출판 시인광장**
인　쇄　　신원기획

등록번호　307-2013-17
주　　소　서울시 성북구 정릉로 388, 105동 402호
전　　화　02-922-5326
팩　　스　02-922-5326
전자우편　seeinkwangjang@hanmail.net
홈페이지　www.seeinkwangjang.com

ⓒ 김백겸, 2013, Printed in Seoul, Korea

ISBN 979-11-950371-0-0 03810

값　9,000원

• 잘못된 책은 바꾸어드립니다.
• 지은이와의 협의에 의해 인지는 생략합니다.

시인광장 시인선 ①
기호의 고고학

김백겸

2013

自序

   인간의 목숨이 실체가 없다는 것과 인간의 존재자체가 균열위에 세워졌다는 현인들의 생각은 오랫동안 저를 괴롭게 했습니다
   이 시집의 시편들은 존재들의 순환과 회귀를 바라보면서 생명의 커다란 환상을 찢고 초월하는 길은 없을까 참구하는 과정에서 나온 기록들입니다

   검은 애벌레가 고치를 벗고 호랑나비로 날아갑니다
   전생의 죽음이었으며
   미래의 사랑이며
   현재의 찔레꽃에게

2013. 晩春   地山 김백겸

기호의 고고학

차 례

自序 • 5

1부

고양이 눈 속의 고양이 • 13
채송화 • 15
슬픈 꿈 • 17
불안과 행복사이 • 19
데몬이야기 • 21
관세음觀世音 • 23
선물게임 • 25
독새 • 27
이태리포플러 숲 • 29
무령왕릉 • 31
유전자 여행 • 33

견본담채絹本淡彩의 눈으로 바라본 서울 • 35
마음의 저 밑바닥, 관음성지觀音聖地 • 37
말하는 나무 • 39
여미지식물원 • 41
시 숲 • 43

2부

오백 원짜리 동전에 새겨진 학 • 49
아름다움을 위한 병고病苦 • 51
불립문자不立文字 • 52
페르시안 인체신경총 • 53
진홍빛 폐허 • 54
태양에너지 • 55
현빈玄牝에 대한 생각 • 56
제주의 겨울 올레길 • 57
고창 고인돌에서 동오 해변까지 • 59
이궁離宮 • 61
해골목걸이 • 63

아르키메데스의 점에 대한 생각 • 65

호로병 속의 새 • 67

지문指紋과 해인海印 • 69

시네마천국 • 71

천문天文과 지문地文 • 73

딱따구리 • 75

에밀레종의 환상 • 77

카오스 • 79

환희불歡喜佛을 노래함 • 81

3부

그물과 매듭 • 85

거미집 • 87

연화꽃밭 • 89

선禪의 궁수는 화살을 쏘지 않는다 • 91

감각을 웅크린 마른 주목朱木처럼 • 93

기호의 고고학 • 95

노아의 방주 • 97

검은 에너지의 열두폭 병풍 · 99
생명나무와 뱀 · 101
세포 도시 · 103
대지의 열락悅樂 · 106
마법피리 · 108
UFO의 재해석 · 110
거미신화 · 112
에로스, 그 심연의 비밀 · 114
파라다이스의 정원과 성전聖戰 · 117

해설 | 환상적 신화와 심오한 시세계를 드러내는
　　　다양한 시의 풍경들과 사색의 여정 −우원호
· 120

자선 시론 | 시poesie의 '시뮬라크르'와 실재實在라는
　　　　　광원光源 −김백겸 · 135

1부

고양이 눈 속의 고양이

　공원의 벚나무 숲 속으로 형상과 이름의 관계를 생각하며 저녁산책을 나갔네
　숲속 산책길에서 홀로 오던 눈이 빛나는 고양이야
　너는 나를 흘낏 보고
　나보다 앞서 오던 길로 달아난다
　나는 호랑이처럼 성큼 성큼 걸어가는데 저만치 달아나다가 나를 다시 흘낏 본다
　동무도 없이 가는 소롯길에 바람이 으스스 불고
　벚나무 낙엽은 오그라져서 발 빠른 쥐처럼 움직인다
　갈색 등털에 목덜미가 흰 고양이야
　너는 왜 나를 자꾸 쳐다보는가
　검은 눈은 공포와 연민이 불꽃처럼 일고 황혼의 해를 받아 더욱 빛이 난다
　황금쟁반처럼 떨어지는 태양은 까마귀 울음과 풀벌레 소리 속으로 떨어진다
　가시철망 울타리가 나타나고
　너는 개구멍을 지나 명부의 어둠 같은 숲으로 사라진다
　울타리의 쐐기풀은 날개를 접은 나비처럼 움직이지 않고 어둠이 물줄기처럼 스며든다

너와 나는 그렇게 작별했지

이상한 연인의 비상한 감정으로 헤어졌지

저녁이 오자 캄캄해진 숲

길들이 모두 어둠에 지워져 함정이 된 숲

버드나무 줄기들이 뱀의 눈초리로 나를 노려보는 숲을 지나 왔네

달빛이 내린 울타리 주위로 쐐기풀 이파리가 천년 여우의 갈기처럼 빛을 냈네

검은 구름 사이로 저녁 흰 달이 고양이 눈처럼 나를 바라보자 나는 알아차렸네

고양이 눈 속에서 나는 고양이였음을

고양이는 내가 죽으면 다음 세상으로 안내할 영혼의 친구였음을

채송화

화단 경계석에 채송화 그림자가 살아있는 듯 밝았습니다
바람이 불자 중국의 그림자 연극이었습니다
이파리는 가시철망이었고 꽃봉오리는 구름덩어리였습니다
붉고 노란 주황색 꽃잎들과 푸른 이파리의 색감이 없어도 그림자는 너무 생생했습니다
무엇 때문에 이미지가 실체처럼 보였을까요
눈을 감고 생각하니 태양의 흰 불꽃 때문이었습니다
육천도의 에너지가 만든 마야의 환영 때문이었습니다
태양이 황금가면을 쓴 얼굴로 나에게 말했습니다
'눈이 보는 채송화에서는 영원한 기쁨이 없다
이미지의 샘을 막아라
언어의 장작불을 꺼라
세계는 불타는 집이니 네 생각을 헛된 여행의 연료로 소모하지 말아라'
죽음이 올 때 기억과 욕망으로 지은 사상누각이 바람에 무너지는 순간이 보였습니다
내 영혼이 태양의 천 배 무게와 만 배 밝기를 가진 안드로메다태양 앞에 서는 순간을 상상했습니다

나는 채송화 그림자보다 더 밝은 꽃잎으로 아름답겠지요
도솔천의 오색 궁전을 보려는 눈의 욕망을 단숨에 뛰어
넘겠지요

슬픈 꿈

　피를 흘리는 태양이여
　이름을 알 수 없는 힘이 낡은 집들의 페인트가 벗겨지고 느티나무들의 뿌리가 검게 썩은 산책길에서 죽은 지렁이의 시체를 보게 했다
　바위 더미가 폐허의 유물처럼 여기저기 흩어졌는데 삶과 죽음의 틈새에서 황혼에 이른 내 인생을 바라보게 했다
　알렉산더의 칼로도 풀 수 없을 것 같은 존재의 어두운 매듭들이 서로 얽힌 등나무 그늘 아래 오게 했다
　이름을 알 수 없는 힘이 등나무 꽃잎을 이상한 색깔과 향기가 죽음처럼 피어오르는 저승사자의 얼굴처럼 바라보게 했다

　피를 흘리는 태양이여
　옛날에 내 안의 힘이 충만했을 때는 이름을 알 수 없는 이상한 힘의 임재臨在를 알고 있었다
　지금은 온 사방에 저녁 어둠이 내리고 기억이 캄캄해졌다
　가문비나무 그림자만이 길게 늘어지고 있으나 견습화가의 그림으로는 도무지 액자 안에 가둘 수 없고, 무언가

이름을 알 수 없는 형상形象 너머의 힘
  너는 오늘도 사막의 바위틈에서 코브라 알을 깨고 긴 머리를 들고 일어서는 빛의 뱀처럼 존재의 무서운 눈으로 나를 쳐다본다
  가상현실의 프로그램 같은 너의 잠속에서 가위가 눌린 늙은 아이처럼 나는 갑자기 슬픈 꿈을 깬다

불안과 행복 사이

　쑥부쟁이가 여기저기 피었는데
　꽃들이 연구소에 파견된 러시아 기능공들의 말씀처럼 알아들을 수 없는 소리를 비명처럼 주장하고 있는데
　플라타너스 가지에 앉았던 멧새들은 날개자국을 허공에 남기고 사라졌는데
　딱정벌레와 사마귀들이 목숨의 무지개다리를 지나 어디로인가 가고 있었는데
　하늘에는 검고 낮은 구름들이 오고 사방은 조용해서 마음은 관속에 누운 시체였는데
　구름 사이로 드러난 태양이 술 취한 중독자처럼 검붉은 얼굴을 했는데
　이 신호들이 실재實在의 상징인데도 내 영혼이 무지한 것만 같아서 마음이 공연히 불안하기만 하였는데

　쑥부쟁이 뿌리와 줄기로 저녁의 어둠이 물줄기처럼 스며들고 있었는데
　억새풀들이 귀신들의 노래 한 자락 같은 바람소리에 매달리고 있었는데
　장수풍뎅이가 하늘을 향해 배를 뒤집고 호랑나비가 울

타리 너머로 날아갔는데
  내 몸의 오장육부에 두꺼비처럼 웅크리고 앉은 전생의 기억들이 기쁨과 슬픔을 동시에 보여 주었는데
  하늘엔 황혼이 남아있는 양떼구름이 떠오르는 파란 달빛에 물들고 있었는데
  나는 무한시간의 놀이터에서 그네에 앉은 늙은 아이처럼 마음이 참혹했는데
  참나무 숲 그늘 아래서 어둠이 빛나는 침묵의 눈을 뜨고 내 생각을 감시카메라처럼 들여다보고 있었는데

데몬이야기

나는 시간의 웅덩이에서 올챙이 헤엄을 치는 책가방을 든 오학년이었고 당신은 시청 현관에서 지프차에 타려는 황금개구리 눈을 가진 시장이었다

내 눈과 당신의 눈이 세세연년의 놀이에 빠진 스승과 제자처럼 서로를 보았다

네 아버지가 시청에 다니시니?

아니요, 시립도서관에 공부하러 왔습니다

그래, 네 아버지께 아들이 훌륭한 사람이 될 것이라고 대전시장님이 말씀하더라고 전해라

그 때부터 올챙이는 신의 부름을 받은 다윗처럼 성공중독자가 되어 현실에서 투구와 갑옷을 입은 전사의 삶을 살았으나

훌륭한 사람이라는 데몬의 퍼즐을 풀지 못하고 나는 대학졸업을 하고 직장을 잡고 결혼을 했다

나는 숫자의 고해에서 기호의 미궁에 빠져 직장 가방을 든 오십이었고 당신은 이장하는 아버지 무덤에서 흰 이빨로 웃고 있는 죽음의 얼굴이었다

내 눈과 당신의 눈이 천년 전 우물과 하늘처럼 서로를

노려보았다

　너 훌륭한 사람이 되었니?

　아니요, 아직 공부하고 있습니다

　그래, 네 마음속의 예언의 불길을 지핀 시장님에게 내가 지켜보고 있다고 전해라

　내 운명은 미래가 블랙홀처럼 어두워진 세기말의 아마겟돈 속에 있었고 당신은 이무기처럼 웃으며 명왕冥王이 사는 궁전에 만년 잠을 자러 내려갔다

관세음 觀世音

 초등학교 때는 교실의 풍금연주에, 십대에는 영화음악에, 이십대에는 음악다방의 팝과 재즈에 취했네
 삼십대에는 사랑의 비극과 운명의 탄식을 노래한 오페라 아리아가 좋았으나
 사십대에는 판소리와 수제천壽齊天도 들을 수 있는 귀명창이 되었지

 몸의 꽃기운이 떨어지니 오디오소리는 기계 소음으로 들리고, 마리아 칼라스의 노래는 여름날 밤 맹꽁이 베이스만도 못하고, 귀로 듣는 소리는 눈으로 보는 소리보다 재미가 없어졌네
 아가위나무 잎새 그늘에 밝은 햇빛이 입술을 대는 소리
 황혼에 낮과 밤이 만나는 소리
 지구가 검은 허공을 무서운 속도로 날아가는 소리
 관세음觀世音이 인간의 음악을 벗어난 세상의 모든 소리를 듣는 일임을 까마득하게 몰랐네

 태양과 달 사이에 뜬 구름스피커들이여, 너는 노을음악을 토해 내 귀를 비웃는구나

디스크 안의 소프라노를 왕소군王昭君처럼 사모했던 음반연주가여
　귀가 붙잡으려 했던 지상의 소리가 모두 허공으로 돌아갔구나
　음반평론가가 발굴한 마이너레이블의 신보를 고승의 말씀보다 더 귀하게 생각했던 중생이여
　이제 무덤에서 듣는 대악大樂으로 관세음觀世音의 자비를 구하겠구나

선물게임

성공한 자는 부귀공명의 선물을 받는다고 책들이 말했네
오십이 되도록 한 가지의 선물도 받지 못했다고 생각한 나는 태중의 어머니에게 내 성공을 예언한 동네 점쟁이의 예언을 비웃었네
선물은 다른 친구들의 인생에 바리바리 도착했고 내 인생에는 지나가는 배달 차의 바퀴소리만 시끄러웠네
그토록 자식의 금의환향을 바랐던 어머니는 내 성공을 보지 못하고 눈을 감았네

체념을 요로 깔아 창가의 달 밝은 밤하늘을 쳐다본 어느 날, 죽음보다 더 어두운 태초의 어둠이 나에게 뱀 눈을 뜨고 말했네
금도끼와 은도끼가 부러우냐
너에게 금강석보다 더 빛나는 선물, 네 심장이 뛰는 목숨과 시와 음악과 철학으로 온 세상을 꿈꿀 수 있는 감수성을 주었다
불만이면 반납하지 그래

죽음보다 더 어두운 태초의 어둠에게 나도 흰 눈을 뜨

고 복싱선수처럼 맞받아 쳤네

　구슬 아흔 아홉 개 모은 아이가 백 개를 채우고 싶어서 그러지

　구슬 아흔 아홉 개의 전생 성적표는 당신이 가지고 있고 지금 내 주머니에는 구슬이 없지

　천궁도天宮圖를 걸어가는 인생 놀이에서 구슬 하나가 구슬 아흔 아홉 개보다 더 아름답게 빛나는 선물게임을 당신이 시작했잖아

독새

살모사가 독초와 이슬의 정기를 먹으며 천년을 묵으면 몸이 나무토막처럼 뭉툭해지면서 맹독을 가지게 된다
하늘의 때가 이르면 독새로 변신한다
독새의 그림자는 지상에서 기는 짐승을 중독으로 죽일 수 있기에 밖의 나들이와 행사 때는 차일遮日을 친다
어른들의 말씀은 저승사자의 모습처럼 신비했네
독새의 그림자가 내 머리를 지나갈까 두려워서 구름과 나무의 그림자가 만드는 허수아비에도 내 심장은 놀랐네
선한 그림자와 악한 그림자들이 싸우는 그림자 세상이 있었네
낮의 그림자를 모두 엮은 밤의 붕새가 저녁에 날아오면 내 어린 날은 지붕이 있는 집으로 얼른 도망갔네

내가 독새가 되면 독새의 위험으로부터 내 일생이 안전하겠지, 성년이 되어 심장이 강해진 나는 살모사의 독으로 정신을 무장했네
직장의 동료들은 독니로 죽여야 하는 무한 경쟁자였고 부하 직원들은 메두사같은 내 눈초리를 피해 눈길을 아래로 내렸네

현실의 독새가 되려는 내 야망과 욕심의 한 때가 있었으나 운명의 별들은 파산과 좌절로 내 독니를 뽑아버렸네
나는 동면하는 뱀처럼 십 년 동안 새 이를 기다려야했고 마침내 시詩의 독이 내 어금니에서 다시 차 올랐네
내가 시의 나라에서 독새의 날개를 펴고 날아가자 꿈의 그림자 아래 현실의 독한 시간들이 죽어 나갔네

이태리 포플러 숲

 나는 창가에서 책을 읽다가 이태리 포플러가 책이 되는 몽상에 잠깁니다
 하지夏至날 아침 태양은 밝고 그림자는 어둡습니다
 찔레꽃은 다양한 해석이 가능한 상징처럼 숲의 어둠에 숨어있습니다
 먼지 같은 하루살이가 날개를 반짝이면서 가시철망을 넘어갔습니다
 나뭇잎 글자들이 검은 눈을 뜨면서 초록 황금의 비문秘文을 보여주었습니다
 나는 어떤 글자일까요
 나는 별들의 힘과 시간의 불꽃 연금이 쓴 어떤 이야기 속의 글자일까요

 황하의 용마가 전해준 하도河圖와 거북이의 등껍질에 그려진 낙서洛書의 문양과 상징을 생각했습니다
 내 눈은 찔레꽃과 하루살이의 목숨이 벽옥碧玉을 품고 있음을 봅니다
 요한계시록은 '신의 영광은 벽옥과 같다'는 수수께끼의 표현을 했으니 나는 베일을 통해

신의 얼굴을 잠깐 본 셈일까요

이태리 포플라가 코끼리처럼 시간의 강을 건너 어두운 숲으로 갔습니다
폭풍의 소문 아래 구름이 몰린 저녁하늘이 더욱 검어졌습니다
하늘성가대 같은 비 소리가 천지를 장엄미사의 사원으로 이끄는 성소聖所에서 들장미가 에덴의 뱀처럼 붉은 눈으로 나를 쳐다보았습니다
수녀 같은 모습을 한 개망초가 얼굴이 새파랗게 질렸습니다
지평선에 걸린 교회의 종탑이 구원을 선전했으나 울리지 않는 종이었습니다
나는 어떤 글자일까요
『모든 세기』의 변화를 담은 노스트라다무스의 책에서 나는 어떤 의미의 기표일까요

무령왕릉

　벽돌로 쌓인 석실은 왕과 왕비의 영혼이 누워있는 어두운 정원이었습니다
　연화문전蓮華文塼과 문자전文字塼의 문양이 있는 현실玄室에 나무관이 침상처럼 누워있었습니다
　벽돌무덤은 왕과 왕비가 침묵의 사랑을 나누는 장소였고 화장을 지운 삶의 참 모습이 드러났습니다

　인동忍冬과 당초문唐草文으로 만든 왕비금관식王妃金冠飾의 타오르는 황금에너지가 사방으로 빛을 뿜었습니다
　청자사이병靑瓷四耳瓶과 청동용기류靑銅容器類와 철모鐵鉾와 현금玄琴의 부장품이 왕과 왕비의 체취를 천년이 지난 지금까지 전했습니다
　용의 기운이 빠져나간 지하 왕궁을 나는 마음에 떠오르는 검은 시를 생각하며 한 바퀴 돌았습니다

　　사랑은 떠돌지만 무덤은 머무네
　　기억은 부서지지만 꿈은 머무네
　　꿈속의 집
　　부서지지도 않고 움직이지도 않는 무덤이 마음 속 용궁

처럼 보이네
 시간의 검은 바다로 내려가면 무덤은 촛불을 켜고 눈을 뜨고 있네

 무령왕릉 밖의 주차장에는 불꽃 눈의 아이들이 굴렁쇠를 굴리며 달려갔습니다
 비둘기들은 모이를 찾아 몰려다니고 죽음 위에 떠 있는 부표처럼 소나무가 언덕에 서 있었습니다
 태양은 빛과 에너지를 뿜는 얼굴이었으나 그림자를 만드는 검은 눈이기도 했습니다
 야누스의 얼굴을 한 운명이 과거와 현재에 걸친 삶과 죽음의 미로를 들여다보고 있었습니다

유전자 여행

  고환에서 만들어진 정자는 남자의 성적 흥분에 의해 정관과 정낭과 요도를 지나 정액의 파도와 함께 여자의 난소를 향해 항해한다
  2-3억 마리의 정자는 질 속의 산성비를 맞으며 전쟁터의 병사처럼 죽어간다
  죽은 정자들이 산성 지대를 알칼리로 만드는 참호작업에 의해 조금씩 길이 나고 정자들은 고지를 향해 가는 병사처럼 전진한다
  마지막까지 살아남은 백여 마리의 정자가 난관卵管에 안착한 난자를 향해 간다
  난자에게 유도된 한 마리의 정자만이 수정을 하고 나머지는 죽는다
  생명의 도약을 향한 정자의 꿈은 수정을 통해 시간의 제약을 뛰어 넘는다

  껍질을 벗는 뱀처럼 새 몸으로 태어나기 위해
  유전자는 회귀한다
  생명은 십만 팔천 리 길을 지나 제 꼬리를 물고 돌아가는 '우로보스'처럼

영원회귀를 한다

 여수에서 다대포 앞바다에서 혹한의 겨울을 난 흑기러기는 번식을 위해 시베리아의 툰드라지대로 날아간다
 부산에서 신의주까지의 거리 약 열 배에 해당하는 1만 km를 날아가는 흑기러기는 편대비행을 해서 고공의 세찬 바람과 기압을 헤쳐 간다
 해와 달의 위치와 지구자기장의 신호로 뇌 속의 네비게이션을 따라가는 흑기러기
 생명력이 흑기러기의 전신갑주全身甲冑이다
 북극의 바닷가 절벽에 내려앉은 흑기러기는 알을 낳고 부화한 새끼들의 날개는 부푼다
 시간의 바람이 불고 생명의 불꽃은 다시 나는 연습을 시작한다

견본담채絹本淡彩의 눈으로 바라본 서울

   겸재의 금강전도金剛全圖에는 일만이천봉에 이르는 산의 숲이 아마존의 밀림처럼 빽빽하게 있지요
   이 그림은 부감법俯瞰法으로 전체 구도를 잡고 뾰족한 암봉巖峰은 수직준법垂直皴法 으로 묘사하고
   나무숲이 우거진 토산은 미점준법米點皴法 으로 찍어낸 비단 천에 엷은 수묵으로 그린 채색화입니다
   화가들은 견본담채絹本淡彩라는 말로 표현하지만요
   바위산은 공룡의 등뼈처럼 삐죽삐죽 서있고 소나무 숲은 산신령의 대머리처럼 듬성듬성 서있는 호쾌한 산세가 화면에 가득하지요
   구도자와 은자와 방사와 술사들이 화강암의 기운으로 한 소식을 이루고자 벌떼처럼 몰려 간 엘도라도의 열풍이 느껴지는 진경산수입니다

   서울의 소공동은 재벌과 금융본사들이 뉴욕의 맨하탄처럼 빽빽하게 들어서 있는 자본의 심장이지요
   헬기를 타고 하늘에서 보면 레고 조각같은 빌딩블록과 거미줄 같은 도로망 위로 자동차들이 흰개미 떼처럼 몰려 갑니다

도시계획 전문가들은 문명의 활력이 넘치는 첨단융복합 공간이라고 말하지만요
 이곳에 태종의 둘째딸인 경정慶貞공주의 궁이 있어 사람들이 작은 공주골로 부르던 지명을 한자로 표기하면서 소공동小公洞이 되었다고 전합니다
 가이아의 암 조직인 도시 속에서 서울 쥐들이 먹이와 번식을 위해 미로를 헤매다가 공원묘지의 납골당 같은 아파트에서 뼈를 묻는 현실 공간입니다

마음의 저 밑바닥, 관음성지觀音聖地

칡넝쿨이 소나무뿌리를 감아 옥황상제가 사는 하늘 끝까지 오르고자 했다
햇빛을 바라는 높이만큼 지하수를 갈구하는 칡의 뿌리는 땅속의 어둠을 헤치고 내려갔다
강철 낫으로 잘라내도 한 계절이 지나면 칡넝쿨은 허공의 에너지를 찾아 다시 넝쿨손을 뻗었다
오장육부에 뿌리를 둔 무의식처럼 칡넝쿨은 사방팔방으로 눈과 귀를 열어 의식의 불꽃을 태웠다
마야의 권력에 기댄 칡넝쿨은 태양의 햇빛과 지구의 물을 모두 마시고자 하는 진시황이었다
칡넝쿨은 가지 끝마다 삼천의 동남동녀童男童女 같은 새파란 이파리를 피워냈다

편서풍이 십 킬로미터 상공에서 세차게 서쪽에서 동쪽으로 불었다
엘리뇨 현상으로 더워진 해류가 칠레 앞바다에서 페루와 칠레에 폭우를 내리게 했다
슈퍼컴퓨터의 계산모델로도 예측이 어려운 기상은 지구온난화의 영향으로 유럽과 아프리카에 한발을 몰고 다녔다

중력과 태양에너지에 원인을 둔 해류는 욕망하는 무의식의 흐름처럼 천변만화의 파도를 일으키며 지구를 돌아다녔다

수증기를 구름으로 보내고 생명의 기억을 검은 바다로 불러들이는 해류는 포세이돈의 삼지창이었다

해인海印의 이미지들이 날카로운 파도 거울에서 빛과 어둠으로 번쩍였다

말하는 나무

 높이와 넓이의 한계가 없는 에덴에 사는 생명나무가 지상으로 몸을 내민 가죽나무의 입을 빌어 나에게 말했다

 마루에 누워 하늘의 구름을 보는 아이야, 너 커서 무엇이 되고 싶으냐
 나는 이웃집 도지사관사의 주인처럼 부와 권력을 달라고 말했으나 가죽나무는 침묵을 했다
 말씀이 없었으므로 부와 권력은 내 앞을 지나가 다른 친구들에게 선물로 주어졌다

 높이와 넓이의 한계가 없는 모든 상징의 원본인 생명나무가 빛과 어둠의 지혜를 수액과 피처럼 흘려보내면서 가죽나무의 입을 빌어서 말했다

 심장에 힘이 넘치는 청년아, 네가 원하는 꿈이 무엇이냐
 나는 엘로이즈를 얻은 아벨라르처럼 사랑에 성공하고 싶다고 말했으나 가죽나무는 침묵을 했다
 말씀이 없었으므로 사랑은 내 앞을 지나가 다른 남자에

게로 시집을 갔다

  명상에 잠긴 나에게 생명나무가 천둥 같은 경고의 말씀을 했다
  너의 꿈과 욕망이 내 마음의 파문이자 그림자임을 모르겠느냐
  나는 시작과 끝의 나무이며 하늘과 땅을 나눈 나무이다
  너의 정신은 증류를 통해 나의 마음에 다다르는 임계농도를 넘어야 한다
  쇠는 죽음과 부활의 용광로를 지나 황금이 되어야 한다

  높이와 넓이의 한계가 없는 생명나무 아래 번개가 치면서 시간의 꿈에서 미로 학습을 하고 있는 내 영혼의 방황이 드러났다

여미지식물원

 당신은 '꽃의 정원'에 핀 수천 가지 꽃을 가리키며 '이 꽃의 빛깔을 보세요 저 꽃의 향기를 맡아 보세요' 말씀합니다
 당신은 여미지 식물원에 펼쳐진 기화요초의 세계를 저와 나누고자 하지만 모두 하나의 꽃으로부터 드러난 꽃의 무늬일 뿐입니다
 잃어버린 소를 찾아 먼 여행을 떠난 선화동자처럼 저는 당신과 함께 하나의 꽃을 찾아 돌아오는 몽상을 합니다
 얼마나 많은 세상의 꽃이 밤하늘의 은하수와 바닷가의 모래알처럼 퍼져나갔을까요

 세세연년 피고 지지만 닳거나 낡지 않는 이 꽃은 당신의 눈과 귀와 심장에 피어있으며 바다의 흰 파도와 하늘의 푸른 허공에도 피어있습니다
 '물의 정원'과 '열대정원'을 품고 있는 여미지 식물원 자체가 하나의 꽃이라는 생각이 안드십니까
 꽃의 침묵은 바하의 음악 속에 숨겨진 수의 비례와 조화처럼 시공간의 잠재태潛在態 속에 숨겨져 있지만
 당신이 눈을 뜨자 깨어나는 아침처럼 튤립의 이파리와

꽃잎으로 드러납니다

  하나의 꽃은 수령 천년의 은행나무가 수만 개의 이파리를 피우지만 대지의 검은 뿌리에서 한 몸인 것과 같습니다

  당신이 강가에서 청둥오리라고 부르고, 당신이 숲에서 부전나비라고 부르고, 당신이 기쁠 때 태양의 노래라고 말하고, 당신이 슬플 때 달의 눈물이라고 말하는 황금 꽃의 얼굴이 있습니다

  열대수련의 꽃과 같은 당신이여, 저는 당신의 심장에서 핀 참모습의 꽃을 봅니다

  이 하나의 꽃이 세상의 모든 꽃에 발자국을 남겼으므로 저는 당신을 통해 여미지 식물원의 모든 꽃이 생명으로 빛나는 극락을 봅니다

시 숲

　가죽나무와 오동나무가 있는 울타리에서 평상에 누워 구름을 보며 낮잠에 들던 어린 시절에도 시 나무가 있다는 생각은 하지 못했다
　바람에 날리는 이파리들이 푸른 침묵을 뒤집어 보여주는 흰 배때기들이 웅얼거리는 아기의 입술 같다는 생각을 했을 뿐

　같은 울타리를 사용하는 중학교와 고등학교 교정을 메운 플라타나스를 아침노을과 저녁노을사이로 매일 창 밖으로 쳐다보았다
　청소년기의 짙은 우울과 몽상은 이파리를 따라 피고 지었으나 시 나무가 플라타나스의 모습으로 안개 속에서 희미한 검은 가지를 드리우고 있었음을 그 때도 몰랐다

　심장으로 피가 몰리기 시작하고 가슴에 웅덩이로 패인 검은 상처가 시간을 빨아들였으며 현실로 향한 마라톤경주의 출발선에 있었던 대학말년에 시 나무는 갑자기 모습을 보여주었다
　그 나무는 가죽나무와 오동나무와 플라타나스였으며 동

시에 샤먼들의 하늘밧줄인 자작나무와 모세가 무릎을 꿇어 야훼의 음성을 들었던 가시떨기나무였다

　세상 나무들의 모든 뿌리가 어두운 지하에서 얽히고 나무의 잎맥마다 스며든 수액들이 연기를 피우고 있었다
　번개와 바람이 불 지르던 꿈과 환상은 이파리마다 웅얼거리며 말을 하기 시작했다
　그러나 나는 숲의 길보다는 세속도시로 가는 고속버스를 타고 입사시험을 보러 다녔고 컴퓨터와 계산기로 거래를 관리하는 행정원이 되었다

　생과 죽음 사이에 경계를 친 붉은 담장 같은 황혼이 인생의 종착역이 가까웠음을 일깨워주었을 때 시 나무는 갑자기 다시 모습을 드러냈다
　이파리를 가진 모든 나무들이 은빛 갈기를 빛내면서 나무는 나무 이상의 존재임을 몸으로 증명했다.
　시 나무가 나에게 사랑하는 눈길을 보낸 마지막 편지였으며 최후의 통첩이었다

나는 시의 숲으로 가기 위해 내가 걸어온 먼 길을 되돌아서 가야했다

2부

오백 원짜리 동전에 새겨진 학

　논산군 부적면 탑정호수에 저녁황혼이 내렸는데 미루나무 이파리가 뒤집어진다
　잠깐씩 죽음의 얼굴을 보여 준다
　그 얼굴이 하얀 분을 바른 저승사자의 아이콘이려니 잠깐 생각하였는데, 호수가 고래 배때기처럼 뒤집어지면서 큰 어둠을 파도처럼 밀어 붙인다

　데이트를 나온 남자가 황혼이 내린 연인의 얼굴을 디지털카메라로 찍는다

　뒤집힌 미루나무 이파리들이 슬픔이었나
　뒤집힌 죽음의 표정들이 기쁨이었나
　미루나무 숲에 내린 저녁황혼이 이상한 순간을 잠깐 뒤집는다
　호수에 비친 계룡산 연천봉의 그림자가 잠깐 동안 검은 죽음을 보여주고 다시 환한 삶을 보여 준다

　검은 메모리 같은 기억에서 바람에 날리는 연인의 스카프가 순간적으로 영생을 얻었을 때

세계는 오백 원짜리 동전에 새겨진 학처럼 빛난다

아름다움을 위한 병고病苦

제비꽃 같은 하늘의 푸른 옷소매를 보느라고
숲으로 달아나는 마파람의 흰 발목과 어둠의 어깨에 기댄 황혼의 목덜미를 보느라고
눈에 병이 들었네

한밤중에 회나무 이파리로 핀 달빛의 침묵을 듣느라고
창백한 지붕들이 검은 그림자를 물방울처럼 떨어뜨리고 밤하늘 별들이 개망초 꽃처럼 피어나는 소리를 듣느라고
귀가 병이 들었네

우울과 탄식이 드센 억새풀처럼 피어있고 시간의 강물은 그 수량을 줄여 바닥의 험한 돌들이 들여다보이고
나비와 곤충들이 비밀 꿀을 찾아 나서던 허공의 길들이 모두 사라져버린 몽상의 숲에서
나는 슬펐다네

불립문자 不立文字

   카메라 셔터를 누른 내 심장이 겨울 느티나무 숲을 찍어 왔네
   고인도에서 '신의 춤'으로 불렸던 검은 나뭇가지들의 '무드라'였는데
   몇 십 년 동안에 표현 하나가 이루어지는 목숨의 춤이었네
   바람이 불자 겨울 느티나무 가지들은 일제히 침묵의 춤을 추고 은빛 오로라가 가지에서 촛불처럼 타오르네

   태국 무희들이 손가락과 함께 춤을 추는 한 장면을 칼로 자른 듯
   겨울 벌판의 느티나무는 푸른 잎을 모두 떨어뜨리고
   무드라 동작의 시바춤을 불립문자처럼 보여주네

페르시안 인체신경총

  페르시아 의사들이 온 몸을 해부해서 그려놓은 고대의 인체신경지도를 보았다
  노란 장기들과 파란 핏줄들을 배경으로
  붉게 그린 신경들은 가슴을 발화점으로 피어오른 불꽃이었다
  온 몸을 의식으로 채운 불꽃들은
  몸을 용광로처럼 태워 그 빛을 사방으로 보내고 있었다

  빛이 닿는 범위가 나였다
  나의 빛은 눈과 귀와 입과 항문과 정수리에서 닫히고 매듭으로 꼬여 세계와 나의 분별을 만들어냈다
  이 빛들이 매듭을 풀고 세계의 끝까지 실패의 명주실처럼 풀려나가는 날
  몇 억 광년 밖의 별들의 소식이 풀잎 같은 떨림으로 내 가슴에 전해지는 그 때
  나는 곧 세계가 될 것이었다

진홍빛 폐허

　쇠창살로 된 아파트난간을 넝쿨장미는 보아뱀이 먹이를 허리로 감아올리듯 올라갔다
　아파트 쇠창살과 넝쿨장미의 불편한 인연을 용접하기 위해서는 어떤 불길이 필요할까
　쇠창살은 금속의 제련과 성형을 거친 문명의 디자인
　넝쿨장미는 대지의 뿌리에서 올라온 DNA의 디자인
　건너 뛸 수 없는 경계선이 만년빙하의 크랙처럼 디자인의 건축과 형성에 있었다

　태초의 특이점으로부터 수조 도의 빛이 식어 물질과 시공간이 만들어졌다는 과학자들의 상상이 다시 나를 괴롭혔다
　태초에는 쇠와 목숨의 재료가 같았기 때문이었다
　뇌 속의 내 자아가 불타올랐는지, 꿈속의 꿈인 이 세계가 불타올랐는지, 그 경계가 불분명한 빛과 어둠의 틈새에서 쇠창살과 넝쿨장미가 필사적인 사랑의 자세를 보여주었다
　진홍빛 폐허가 곧 무너질 사원의 기둥처럼 저녁의 한순간을 붙들고 있었다

태양에너지

서천 화력발전소에 갔었지
보일라 구멍으로 본 내부에서 붉고 하얀 태양의 얼굴을 보았네
석유기름과 무연탄이 같이 타는 보일라에서는 불을 뿜는 용처럼 섭씨 1400도의 열기가 타고 있었네
태양이 빛을 지상의 나무들에게 보내는 것처럼 전기는 공장을 돌리고 도시 밤거리를 해바라기 꽃밭처럼 밝히네
문명은 전기에너지가 쓰는 시이네

나는 시가 심장의 중심에서 타오르는 불임을 아네
태양륜太陽輪이 심혼心魂에서 떠오르면 시인은 불타는 문을 열고 들어가 굶주린 사자의 울음 같은 시의 울부짖음을 들어야하네
고압전기를 언어의 필라멘트에 끌어들여 시가 열과 빛을 내도록 해야 하네
심장을 불태워 육체를 정화한 후 영혼을 태양에 실어 영생하고자 했던 마야인들처럼, 나는 시가 꺼지지 않는 정신의 불길이 되기를 기도하네

현빈玄嬪에 대한 생각

　미인의 몸은 삼차원의 스튜디오에서 사진작가의 예술 감각으로 표현되지만 내 상상은 사차원의 업보에 대한 지옥도를 그린다

　달기妲己 여, 주지육림의 향연 속의 미혹이여
　네 기쁨이 극치에 올라 숯불로 벌겋게 달아올랐을 때
　포락砲烙에서 살이 타는 냄새는 사향처럼 침실까지 스며드는구나
　충신의 살로 젓을 담고 육포를 떠서
　쾌락은 그 별미를 주방의 단지에 가득 채웠구나
　달을 가리키는 손가락들은 모두 잘리고
　연못에는 보름달이 붉은 등불로 떠서 핏빛을 흘리는구나

　미인의 성적 매력은 물고기와 새와 여우와 침팬지의 종족 욕망을 모두 합성했다는 생각
　미인의 검은 눈의 매력은 아귀와 아수라와 여신의 정신이 모두 합쳐진 결과라는 생각
　내 안의 검은 아니마인 깔리 여신의 검은 에너지가 내 환상을 블랙홀처럼 빨아들이고 있다는 생각

제주의 겨울 올레길

오리만한 갈매기들이 갯벌에서 물고기를 잡고 있는 해안으로 가는
올레길
콘크리트 도로포장에 고라니와 게들의 발자국이 꽃무늬 화석처럼 찍힌
올레길
제방의 돌구멍 사이로 빠져나온 바닷바람의 촉감이 손가락 끝에 만져지는
올레길
동백나무와 삼나무가 꽃과 이파리를 핏물처럼 뚝뚝 떨어뜨리고 있는
올레길

구름은 파산한 사업가의 근심처럼 어둡게 떠 있고 전신주는 낡은 집처럼 기울어져 위태로웠네
바다바람은 창검처럼 날카롭게 불고 어항의 골목은 시간 속의 미로처럼 어둠 속으로 나 있었네
양철지붕이 소리를 내는 해변식당에는 말린 물고기들과 이 빠진 술잔

산보자는 검은 바위처럼 단단해진 시간과 갈매기들이
배를 뒤집은 비몽사몽을 향해 걸어 갔네

고창 고인돌에서 동오 해변 까지

 돌을 베고 누운 검은 사자 한 마리처럼 나도 하루와 사계절과 천년의 변화를 훌훌 벗어버리고 깊은 꿈속에 빠져들고 싶었습니다
 꿈속에서 신석기 시대의 움막을 짓고 서해바다에 나가 조개를 줍고 싶었습니다
 소나무 숲을 베어 불을 피우면서 잡은 물고기를 굽고 내 아들과 손자들이 바다의 모래로 피진 영화를 모두 이룩하고 싶었습니다
 늙은 어부처럼 온몸이 무거워지면 죽음이 풍상을 견디도록 검은 돌로 침묵을 괴어 깊은 잠에 들고 싶었습니다

 삼천년의 죽음을 지킨 고창 고인돌을 지나 내 발길은 동오 해변으로 갔습니다
 파도소리가 높은 명사십리에는 폭풍이 지나간 하늘, 바람이 내려앉은 소나무 숲, 침묵의 마약에 도취한 해변이 있었습니다
 파도가 수평선 너머 세계의 초월세계와 신비를 말하기 위해 방언을 토해냈습니다
 갈매기들이 바다의 부표로 떠서 소리를 내는 눈동자처

럼 나를 쳐다보았습니다
   내 목숨은 바다의 어둠 속으로 흘러가는 시간이었고
   저녁의 태양이 고압주사기를 들고 심장에 어두운 기쁨을 주사했습니다

이궁離宮

저녁황혼이 불타는 벌판에 오색무지개 빛 채운彩雲이 내려왔습니다

첩첩산중의 능선 위로 보름달이 붉은 등불로 떠올랐습니다

검은 바위가 숯불로 벌겋게 달아오른 달기妲己의 뺨처럼 빛났습니다

나뭇가지와 구름의 그림자가 비역을 즐긴 주왕紂王의 체위를 보여주고 풀벌레들의 신음은 용연향처럼 번졌습니다

정욕은 죽음보다 강한 사랑이기에 정신의 쾌락은 그 한계가 없었고 황음무도荒淫無道는 몽상가의 지치지 않는 법열法悅이었습니다

나는 천도복숭아와 감로주가 놓인 서왕모의 침상에 초대된 연인이었습니다

지화자 좋다

은하수가 밤의 왕궁을 밝히는 장명등長明燈처럼 길게 도열했습니다

이궁의 침대가 자귀나무 숲의 한가운데 펼쳐졌습니다
주지육림의 향기가 파초선으로 부친 바람처럼 내 몸으로 흘러들었습니다
내 마음은 눈을 뜬 것도 눈을 감은 것도 아닌 상태로 자귀나무 안의 달기妲己가 웃는 모습을 보았습니다
구미호가 석류 같은 입술로 미소를 보이자 아름다움이란 천 겹의 고통을 쌓은 득도得度가 아니었습니다

해골목걸이

  천지일월 초목금수가 이미지 책으로 펼쳐진 세상의 도서관이 보이면서 시공간은 수정구슬처럼 맑은데
  나는 마음이 어두운 학인學人이었다
  꿈과 욕망이 관념의 화택火宅을 대단위 아파트단지처럼 짓고 있어서 머릿속에서는 타워크레인과 레미콘 차들의 엔진소리가 열을 뿜고 있었는데,
  생각해보니 나는 플라톤의 동굴에 갇힌 죄수 신세였다

  구름 사이 천둥번개가 치더니 일진광풍이 사자의 노한 갈기처럼 나부껴 여름소나기가 연못의 수면에 둥근 벚나무 이파리 같은 파문을 만들었다
  조물주는 물질과 에너지를 모아 형상形象을 짓는 작업이 한창이었다

  옷이 젖고 머리가 풀린 몰골로 풀잎들이 향기를 뿜어내는 길로 귀가하는데
  거짓말같이 해가 떠서 검은 구름 사이로 세상의 얼굴이 빛나는 황혼이 왔다
  아파트 굴뚝에 내려앉은 까마귀 떼는 어떤 세상의 꿈을

보고 울부짖는지 검은 울음바다가 붉은 하늘을 물들이고 있었다
　어둠이 흰 해골목걸이를 한 저승사자처럼 버스정류장에서 내리고 있었는데도
　진실을 위해 산을 옮기는 신념이 없는 내 인생은 금이 가고 있는 아파트 석축이었다

아르키메데스의 점에 대한 생각

 독일의 물리학자 하인쯔 폰 푀르스터는 '객관성은 관찰자 없이 관찰이 행해질 수 있다는 망상과 다를 바 없다'고 말하고 '진리란 바깥에 실제로 있는 분별이 아니라 선악, 미추, 정의와 불평등처럼 인간에 의해서 행해지는 분별'이라고 비꼬았다

 석가는 수보리에게 아상我相과 인상人相과 중생상衆生相과 수자상壽者相을 부정하여 '자아라는 관념과 하나의 인간이라는 관념과 중생이라는 관념과 영혼이라는 관념'이 모두 실체가 없다고 설법했다

 지구는 움직인다
 태양과 우리 은하계의 중력과 시공간의 휘어짐에 의하여
 다차원의 관계에 감추어진 검은 에너지의 힘에 의하여

 모든 운동을 가능케 하는 원리의 비유인 아르키메데스의 점은 언제 어디서나 어디로든지 존재해야 에너지와 형상과 운동이 가능한 세계의 온전한 몸을 그려볼 수 있다
 무한 시공간과 아르키메데스의 점, 양자를 원주圓周로

하는 원의 중심은 인간이 붙인 이름과 형상과 추론의 그림을 벗어나 있다

호로병 속의 새

나는 문명에 갇혀 새를 꺼내는 손이 들어오는 순간을 기다리는 병 속의 마음이었다

당신은 푸른 언덕의 수국이며 소나무 숲을 날아다니는 비둘기였다
당신은 저녁하늘의 구름과 황혼이었으며 세차게 부는 편서풍이었다
당신은 춘장대 앞바다에 뜬 섬이었으며 우르르 몰려가는 삼각파도였다
당신은 백사장에 밀려온 소라고둥이었으며 물고기들의 냄새였다
당신은 경계와 형태가 없이 삼라만상의 가면을 쓰고 자유롭게 돌아다니는 의식과 에너지였다

내가 뇌 속의 경계를 부수고 주둥이가 좁은 병 밖으로 나오자 보는 자와 보여지는 자의 눈이 하나인 검은 얼굴이 태양처럼 빛났다
나는 왜 병 속에서 나와야 했을까
어둠과 빛의 베일에 가려진 당신을 보기 위해서는 얼마

나 긴 세월이 필요한 것일까
   심장의 황금 피가 식어 불꽃 같은 의심이 만년설처럼 얼어붙는 순간이 오자 나는 다시 호로병 속에 들어간 새의 마음이었다

  * 병속의 새: 공안公安의 하나

지문指紋과 해인海印

하늘을 날아가는 새들의 길은 만년허공의 지문
태양계는 별꽃이 피고 지는 은하계의 지문
은하계는 삼천대천三千大天으로 펼쳐진 암흑우주의 지문

납 손자국을 시공간에 뿌리는 황금 손의 존재가 지평선 너머에 있었으므로 나는 지금 티베트로 가야할까요
아니면 황금 손의 지문이나 연구하며 세상의 해독불가 암호 때문에 괴로워해야 할까요

고서의 현자들은 나/존재가 별의 기호이자 열쇠라고 말했습니다
나/지문은 레이저 빛이 홀로그램영상을 사물의 숨은 조각으로부터 불러오듯
내 존재 정보를 언제나 불러낼 수 있는 지표指標였습니다
별들의 간섭파장이 심장의 피가 뛰는 내 정신을 지나 무한으로 흘러갔습니다

남자와 여자의 격렬한 성애로 비유할 수 있는 선문답과

해석이 몇 고비의 위험을 넘어갔습니다
  자작나무 검은 이파리가 떨어지는 저녁황혼이 오고 해인海印은 천강千江에 비친 달로 하늘 바다에 잠겨있었습니다

시네마천국

 목숨들은 수수께끼에 도달하기 위해 먼 길을 가는 순례자이며 유전자 디자이너는 생명의 퍼즐을 즐기는 표현주의자입니다
 유전자에는 생명 이야기가 무지개 뱀처럼 꼬아져 있습니다
 나는 천일야화의 한 페이지를 넘겨 인간의 스토리를 읽는 남자
 유전자사슬에는 삼십억 년의 생명시나리오가 강물처럼 흐릅니다
 고사리가 되거나 은행나무로 자라거나 수국으로 피거나, 금붕어가 되거나 독수리가 되거나 코끼리가 된 아려야식阿黎耶識은 새 시나리오를 쓰고 몸은 새 영화에 출연했습니다
 에로와 스릴러 영화 수억 편을 본 내 몸이 지금 생에 출연했습니다

 지구는 목숨의 양초 불로 도배를 한 장엄미사가 한창인 사원, 캠브리아기에는 삼 억종의 양초가 불을 밝혔다고 전합니다

삼엽충 뼈와 고사리 잎맥들의 불꽃 목숨이 얼어붙은 화석을 보고 나는 영생환상에 중독됩니다

종이책처럼 낡지도 않고 청동거울처럼 녹슬지도 않는 유전자지도는 타임캡슐을 탄 황금 책입니다

천일야화의 대하스토리를 읽는 나는 세하라자드의 이야기에 취한 남자, 문명의 도끼자루가 썩어도 생명 이야기는 끝이 없습니다

천문天文과 지문地文

정보의 실을 6억 번이나 감아 세포에 누운 DNA여
몸 속의 실을 모두 풀면 2천억 km를 달려가는 DNA여
원자 10개의 너비로 정보의 고속도로를 만든 DNA여
물질의 최소 한계로 생명을 디자인하는 DNA여

  당신이 쓴 글자는 생명입니다
  '땅이 혼돈하고 공허하며 흑암이 깊음 위에 있고 하나님은 수면에 운행하시니라. 하나님이 가라사대 빛이 있으라 하시매 빛이 있었다.'라는 창세기의 문장은 히브리 언어로 썼으나, 생명의 설계도인 DNA는 단백질 언어로 썼습니다
  인간의 언어는 욕망과 환상의 분별이지만 자연의 언어는 빛과 어둠과 에너지와 형상이 하나인 종합입니다

  이집트의 파피루스에 쓰인 사자의 서나 고인도의 경전 리그베다는 언제인가는 먼지로 스러지는 글자들입니다
  은하수가 천문天文으로 뜬 풍경과 지상의 산맥들이 지문地文으로 벌려진 책들은 무엇을 말하기 위해 회전을 계속하는 것일까요

마야의 힘들이 그물처럼 얽힌 바위와 파도와 꽃들의 한가운데는 어떤 '한 마음'이 있어 내 의식에 불을 지르는 것일까요

딱따구리

떡갈나무 아래 벤치에 누웠습니다
검은 이파리들은 지옥이 나에게 보낸 만 통의 편지처럼 떠 있었습니다
흰 구름이 뱀 허물처럼 떠 있었습니다
딱따구리 한 마리가 긴 부리로 떡갈나무에 구멍을 뚫기 시작하자 나는 관 속에 누운 시체처럼 마음이 차가워졌습니다
내 귀가 천 마리 뱀을 부르는 마술사의 피리구멍처럼 열렸습니다
마왕의 검은 성기가 비구니의 자궁을 유린하는 순간처럼 내 영혼이 침묵의 피를 흘렸습니다

지금 이 순간의 인연은 천년 묵은 여우의 꼬리 붓이 그린 선물
바닥까지 비치는 투명한 시간의 저수지에서 사는 여우는 나를 유혹해서 이상한 나라의 입구로 초대했습니다
내 뺨 위로 흐르는 한 줄기 눈물이 잠깐의 관심을 죽음으로부터 빌려왔습니다

호랑나비 날개소리와 바람의 숨소리가 손에 잡힐 것처럼 고요했습니다

딱따구리가 검은 날개를 펴서 다른 나무로 날아갔습니다

딱따구리가 부르던 죽음과 삶의 노래가 하늘의 수면으로 돌아갔습니다

떡갈나무와 딱따구리와 내가 한 몸이었던 이상한 순간은 마음에 살 냄새가 나는 인두자국을 남겼습니다

에밀레종의 환상

 종의 상부에는 연꽃모양의 유두가 36개나 박혀있었고 종의 몸통에는 연화좌蓮華坐에 앉은 비천상飛天像이 선녀의 하늘 옷을 불꽃처럼 나부끼며 사면으로 둘러져 있었습니다
 타종을 하는 곳인 연꽃무늬 당좌撞座를 보며 내가 범종梵鐘의 소리에 깨어나는 십만 팔천리 밖의 아귀와 아수라와 지옥도를 연상한 것은 내 무의식 속의 환상이었을까요

 명문銘文에는 '무릇 심오한 진리는 가시적인 형상 이외의 것도 포함하나니 눈으로 보면서도 알지 못하며, 진리의 소리가 천지간에 진동하여도 그 메아리의 근원을 알지 못한다. 그런고로 부처님께서는 때와 사람에 따라 적절히 비유하여 진리를 알게 하듯이 신종神鐘을 달아 진리의 둥근소리를 듣게 하셨다' 라는 연꽃향기의 법문法文이 새겨져 있었습니다

 에밀레~~~~~~~~~
 에밀레~~~~~~~~

아기의 비명인 종소리의 침묵이 중생의 육식六識을 깨우고 오온五蘊에 쌓인 억겁 인연을 흔들고 관세음보살의 자비를 구하고 있었습니다

석가는 '일월이 땅에 떨어지고 조수의 간만이 없어지고 꽃이 여름에 열매를 얻지 못할지라도 나무묘법연화경을 부르는 여인이 영산정토靈山淨土에서 그리운 자식을 만나지 못하는 일은 없을 것이다' 라고 말했지만,

이 소식消息이 과연 목숨을 가진 자의 눈물을 만파식적萬波息笛처럼 잠재울 수 있을까요

카오스

내 몸을 이룬 원자들의 나이는 50억 년
가스분자였다가
대양의 소금물과 하늘의 대기였다가
마그마의 용암과 화강암이었다가
박테리아였다가 고생대의 고사리였다가
중생대의 은행나무와 익룡이었다가
빙하시대의 맘모스였다가 삼나무 열매였다가
시체를 뜯어먹는 굼벵이였다가
호모 일렉투스였다가
50억 년의 기억을 간직한 채 수억 겁의 인연으로
지금 내 몸의 세포를 구성하고 있네

   나는 숨은 질서 속에서 펼쳐지는 에너지의 기문둔갑과 천변만화의 고해가 만드는 인연의 파도와 유희를 상상하네
   나는 사물의 기표 아래서 미끄러지는 실재의 얼굴이 인드라망처럼 펼쳐졌다가 접히는 '초끈'과 '양자도약'의 마야세계를 상상하네
   파계한 수도승처럼 전생의 공부와 청빈을 잊어버렸더니 오장육부에 스며든 삼독은 바다보다 깊어있네

나는 삼천대천세계의 은하세계를 비춘 연화장 에너지가
내 몸의 과녁을 지나 불생불멸의 자리로 가는 화엄세계를
상상하네

환희불歡喜佛을 노래함

갑사 대웅전에는 연꽃 위의 부처
마곡사 대적전에도 연꽃 위의 부처
금산사 아미타전에도 연꽃 위의 부처
수월관음도에도 연꽃 위에 앉은 보살
부처들은 연꽃 매니아
티베트탱화의 환희불은 연꽃과 성교하는 시바를 보여주다
삭티이자 소피아이자 영원한 시간인 여자연꽃과 지혜의 기쁨이 완성된 열반을 보여주다

부처의 문장이 부여 궁남지宮南池에서 이루어지다
홍련과 백련들이 여신처럼 마음의 비밀을 드러내다
'연꽃 속에 보석이 있다'는 만트라처럼 부처들이 황홀적에 잠기다
부여 궁남지宮南池에서 내 안의 연금술사가 '현자의 돌'을 얻어 마음과 몸의 화금化金에 성공했다는 소문
연금술사의 심장이 황금으로 변하면서 몸에는 황금 피가 흘렀다는 소문
만지는 사물마다 금으로 변하는 마이더스의 손처럼 연

금술사가 보는 풍경마다 모두 금으로 변했다는 소문
　내 안의 연금술사가 비로자나불의 대적광전에서 온 몸의 정액과 기운을 태양처럼 불태웠다는 스토리

3부

그물과 매듭

에너지의 매듭이 물질이라는 생각

전자파의 파장들이 간섭무늬를 만들고 시공간의 좌표에서 질량으로 드러난다는 물리학자들의 생각

쿼크와 소립자의 집합이 핵력 속에 갇혀있는 에너지의 매듭이라는 생각

매듭이 비단직물처럼 얽혀서 흙과 돌과 금속과 벌레와 새들의 몸을 만들고 있다는 생각

형상을 만들어 내는 디자인과 프로그램이 시공간에 가득하다는 생각

내 목숨도 에너지 매듭이 풀릴 때 시공간의 암흑물질로 돌아가리라는 생각

그 때의 시공간 좌표는 다른 행성이나 은하계일지도 모른다는 생각

아직 지구에서의 공부가 끝나지 않았다면 아마존 오지의 부족으로 태어나 얼굴과 가슴에 붉은 선을 그리고 환각식물들의 지혜를 공부할지도 모르겠다는 생각

모두가 매듭이 원인이라는 생각

내 뇌에서 기억들이 매듭을 지어 관념과 추론과 상상을 만들고 세계지도를 그리고 있다는 생각

신경망도 결국 그물과 매듭이라는 생각

인간의 몸도 자연의 일부이니 같은 프로그램으로 이루어졌다는 생각

지상의 매듭을 풀면 하늘의 매듭도 풀어진다는 신비주의자들의 생각을 보고 나라는 매듭을 풀어야 하나 묶어야 하나

선택이 문제라는 생각

매듭과 매듭이 인드라망의 진주거울처럼 서로 쳐다보고 있으니 매듭은 의식과 꿈을 만들어내는 마야라는 생각

매듭이 천라지망으로 펼쳐진 세상을 내 상상이 그물코 사이로 장자의 나비처럼 날아가고 있다는 생각

거미집

　거미가 몸에서 뽑은 지식으로 검은 글자의 책을 만들어 거미집을 세웠습니다
　거미 책 속에서 나는 마야영화에 출연한 아바타였습니다
　거미 책 속에서 시나리오의 각본대로 모든 이야기가 현실이었습니다
　거미 책 속에서 삶과 죽음과 천국과 지옥이 집을 지었다가 무너졌습니다
　거미 책 속에서 내가 결혼을 하고 아이를 낳고 일생이 늙어갔습니다
　거미 책 속에서 나는 수혈을 기다리며 영생을 꿈꾸는 흰 종이 위의 검은 글자였습니다

　나는 관계의 그물 위에서 웃는 거미
　여덟 개의 다리와 항문의 거미줄로 문화와 지식의 광장을 걸어가는 거미
　내 안의 여왕거미와 함께 거미줄 감옥에서 사는 거미
　학교를 가고 직장을 잡고 결혼을 해서 거미새끼를 두 마리나 낳은 거미
　텔레비전과 인터넷의 가상세계를 뇌가 아프도록 걸어

다니는 거미
 은행과 병원과 이마트를 거쳐 베드타운인 아파트로 돌아오는 거미
 나는 뇌 안의 모든 지식을 황금으로 바꾸고자 하는 욕망의 거미

 거미집이 물고기를 디자인했습니다
 거미집이 양서류와 파충류를 디자인했습니다
 거미집이 인간을 다자인해서 알타미라 벽화를 그리게 했습니다
 거미집이 이집트와 메소포타미아와 인더스와 황하에 사는 인간들이 도시와 신전을 세우게 했습니다
 거미집이 석가와 예수와 마호메트의 뇌를 크게 해서 종교적 환상을 퍼뜨리게 했습니다
 거미집이 새로운 지성체인 컴퓨터로봇들을 디자인해서 세상에 대한 권능을 주었습니다
 거미집이 직조하는 영원회귀의 입체영화는 스토리의 결말이 없습니다

연화꽃밭

 어머니의 자궁에서 난자가 수정한 순간, 아뢰야식에 기록된 기억은 나방처럼 생명의 불꽃에 이끌려 육체를 얻으면서 인간나비가 되었다
 어머니의 산도를 지나 배꼽에 탯줄을 달고 나왔으나 빛과 소리가 사방에서 칼끝처럼 일어서는 도산刀山지옥이었으니 때는 녹음방초의 세상이었다

 검은 혼돈의 육체에서 색성촉미향色聲觸味香의 아홉 구멍이 터지면서 외부의 감각이 들어 왔다
 인간나비의 의식은 거북이 껍질처럼 단단해져서 반들반들한 거울이 되었다
 만화경萬花鏡에 비친 세상의 모든 파문과 그림자가 홀로그램이었다
 희로애락의 고해를 건너가는 일엽고주一葉孤舟처럼 인간나비는 시간의 숲속을 날아가야 했다

 판도라행성의 새 영웅이 되어 부귀공명을 누리는 프로그램을 인간나비가 꿈꾸었다
 신들이 선물했다는 판도라행성은 슬픔과 질병, 가난과

전쟁, 증오와 시기가 가득한 지구였다
　희망만이 밤바다의 등대처럼 빛나는 상징의 숲
　그러나 꿈 해몽가의 밝은 눈으로 보면 판도라행성은 인간 마음아래 자리한 아수라와 아귀의 다른 표현이었다
　땅과 하늘의 마야 인연들이 모여 칠색무지개를 이룬 엘도라도가 연화꽃밭처럼 펼쳐졌다

선禪의 궁수는 화살을 쏘지 않는다

　화살이 신호로 날아가면 비구들은 모두 화살을 쏘아라
　전생을 향해 화살이 날아가면 전생이 죽어야하고 후생을 향해 화살이 날아가면 후생이 죽어야하고 부처를 향해 화살이 날아가면 부처가 죽어야 하느니
　향전響箭이 날아가는데도 머뭇거리고 발심發心을 못하는 자는 그 손목을 자르리라
　용맹 정진한 비구가 드디어 갑옷 입고 칼을 찬 아라한이 되었다는 소식을 들었지만,

　내 마음의 힘에 대하여 경전들이 말했네
　육도의 윤회가 내 마음을 진흙탕으로 밀어 넣을 수도 없고
　삼세의 열반이 내 마음을 연꽃처럼 피어나게 할 수도 없다고
　들꽃처럼 피었다가 뱀허물처럼 몸을 바꾸는 세계의 변신이 불멸하는 내 마음이라고
　마음은 침묵의 노래를 부르고 초끈 에너지들은 춤추네
　태어난 적도 죽은 적도 없는 비로자나불이 패션모델처럼 걸어가네

나는 벤치에 앉아 별빛이 바위처럼 굳어가는 침묵의 소리를 듣네

내 심장의 눈이 메두사처럼 빛나고 사물들은 이집트 무덤의 벽화처럼 영원 속의 순간에 갇혀있네

9월의 저녁, 내 머리칼이 실뱀처럼 울부짖는 기운을 느끼면서 나는 어두운 힘의 한가운데 밤의 수행자처럼 앉아있네

하늘에는 천억 개의 은하성단이 그린 도솔천의 세상이 떠 있고 지상에는 가로등이 밝힌 인간의 문명이 꽃밭처럼 펼쳐있네

감각을 웅크린 마른 주목朱木 처럼

숲의 출구를 지나자 태양 아래 빛의 폭풍에 잠겨있는 벤치와 노인들이 나를 쳐다보았습니다
소나기가 지나가 생긴 물거울에 붉은 편지처럼 떠있는 단풍나무 잎과 지렁이의 시체에 모여든 검은 개미가 나를 쳐다보았습니다
측백나무 울타리에 친 거미그물과 바람에 흔들리는 나비와 벌레의 풍장風葬이 나를 쳐다보았습니다
나는 시간의 검은 바다에서 올라온 예언들이 목숨을 위협하는 염라대왕의 궁전에 초대를 받은 손님이었습니다

불꽃 음악이 벌판에서 귀뚜라미소리로 흩어졌습니다
불꽃 음악이 구름 아래서 바람소리로 지나갔습니다
불꽃 음악이 계곡에서 샘물로 흘러갔습니다
불꽃 음악이 실안개로 피어올라 산허리를 돌아갔습니다

내 안의 불꽃이 한여름의 숲처럼 타올랐을 때 나는 영원의 창백한 얼굴을 수정구슬의 빛처럼 볼 수 있었습니다
하늘에 일몰이 오고 황혼에 하얀 달이 뜨면서 내 안의 눈이 캄캄해졌습니다

밤의 지붕에 천 개의 눈을 뜬 은하수가 길을 잃은 내 안의 늙은 아이를 염라대왕처럼 쳐다보았습니다
 나는 과거와 미래의 풍경들이 첩첩산중인 미로 궁전에서 감각을 웅크린 마른 주목朱木으로 서 있었습니다

기호의 고고학

 '태초에 빛이 있으라 하매 빛이 있었다'는 문장처럼 말씀과 사물이 한 몸이었던 행복한 시대의 말이 있었다
 에덴으로부터 지상으로 내던져진 말들은 흙으로 돌아가야 하는 아담의 몸처럼 썩고 부서지는 낙엽의 운명이 되었다
 말들이 인간의 의식에서 태어났으나 대양으로 흐르는 시간의 강에 뜬 물살의 거품이었다
 말들은 심연으로부터 솟구친 바위 같은 세계 풍경에 걸리며 인간의식에 굴곡과 무늬를 만들어 냈다

 아라베스크 문양의 회교사원처럼
 사각형과 원이 중첩된 티벳만다라처럼
 말과 말이 결승문자처럼 얽힌 만화경이 문명이었다
 말의 역사 속에서 상징의 피라미드, 은유의 크레타미궁, 이미지의 알렉산드리아가 세워졌다가 무너졌다

 인간의 생각들이 말의 요람에서 태어나 말들의 무덤에서 죽었다
 제도와 법률과 화폐와 인간이 프로그램한 모든 도구들

이 부장품처럼 묻혔다

　인류의 의식은 흙의 잠속에서 도서관의 책들과 박물관의 미이라 같은 말의 꿈을 꾼다

　죽은 생각들이 진시황의 병마총처럼 묻혀 드라큐라의 수혈 같은 재생의 시간을 갈구한다

　나는 독자들을 비경秘境으로 안내하는 헤르메스처럼 지도와 랜턴을 준비해서 캄캄한 흙의 시간으로 내려가 문명의 모든 기억을 들여다 본다

노아의 방주

  인간은 눈을 뜨고 검은 세상의 현실을 보았다

  이 세상 너머 태초의 시간에서 불어오는 바람과 어두운 에너지의 홍수가 흘러 들어왔다
  눈을 태우는 태양 속에 검은 태양이 뜨고 천개의 눈을 가진 괴물처럼 은하수가 지상을 내려다보는 현실 속에 인간은 있었다
  인간이 발 디딘 지구는 검푸른 세월의 바다를 건너가는 배
  초목금수들이 만달라 문양으로 목숨을 수놓고 있는 정원이었다
  인간은 이끼와 낙엽처럼 마르는 운명을 벗어나고자 사막에 피라미드를 세우고 시간을 건너가는 문명의 배를 띄웠으나
  문명은 노아의 방주인 지구 안에 세운 또 하나의 노아의 방주였고
  목숨들은 최종 기착지를 모르는 채 수수께끼의 항해를 계속했다

신생대의 캄브리아기에 삼천만종으로 분화된 생명들이 가이아의 몸속에서 기생충과 바이러스처럼 생태계를 이루고 살았다

가이아는 인간들이 개미떼처럼 불어나 하늘을 익룡처럼 날아다니고 심해바다를 고래처럼 돌아다니는 기계의 꿈을 시간의 잠 속에서 보았다

가이아는 마음을 괴롭히는 인간벌레들의 번식에 관한 악몽을 지우기 위해 천지개벽을 생각하기도 했다

하늘에 별들이 모두 일직선으로 모여드는 그 때

마야력 제 5 태양의 시간이 끝나 지축이 뒤집어지는 그 때

그러나 이 모든 사건이 가이아의 잠재의식이 삼십 억년 동안 꿈의 씨줄과 날줄로 직조한 환상이었다

검은 에너지의 열두 폭 병풍

　당신의 몸이 지구에서 히말라야 산맥으로 융기해 푹 꺼진 골짜기에 지층으로 쌓인 형형색색의 용암바위들을 펼치는데 오십 억년의 긴 잠을 잤습니다
　당신의 마음이 물고기와 파충류와 포유류를 거쳐 영장류인 인간의 모습으로 패션을 바꾸기까지 삼십 억년의 긴 꿈을 꾸었습니다
　'우물 안의 개구리는 용의 집이 있음을 알지 못하고 느티나무에 둥지를 튼 까치는 봉황의 길을 알지 못한다'는 현인의 금언은 무엇을 보여주기 위한 말씀일까요
　나는 자귀나무 향기가 온 벌판을 물들인 현실 밖의 현실을 생각하며 산책을 나갔습니다

　　내 안의 당신이 지혜로운 열쇠를 가져와
　　긴 꿈의 자물쇠를 찰칵 열기를 기다리는
　　내 안의 나여
　　유년부터 노년까지 사탕을 가진 아이처럼 시간을 빨아온
　　내 안의 나여
　　사탕이 작아져 막대기에 쥐 눈처럼 붙은 모습을 보는
　　내 안의 나여

검은 에너지의 꿈이자 기억인 인생은 눈 감자 지워지는 열두 폭 병풍이었습니다

칠정육욕이 천 대의 수레와 백 만의 병사를 거느리고 한바탕 전쟁을 치루고 간 전쟁터에 아비규환과 한열지옥이 그려진 감각의 제국이었습니다

얼음이 녹아 물이 되었으나 다시 얼음으로 굳은 시간의 거울을 들여다보니 마야의 놀이에 빠져있던 육체들이 해골로 누워있는 공원묘지이었습니다

하늘에 뭉게구름이 흘러가고 밤나무 숲으로 남풍이 부는데 메뚜기 떼 같은 소리들이 허공의 잎을 갉아먹자 당신의 얼굴이 황금원반처럼 빛나고 있는 대낮의 정오이었습니다

생명나무와 뱀

 유전자정보의 집합인 게놈은 뱀 두 마리가 서로 몸을 꼬아서 올라간 쌍두사의 모습을 하고 있습니다
 고대 수메르의 인장印章에는 교접하는 쌍두사의 형상인 뱀신 '닝기쉬즈다'가 있습니다
 헤르메스가 사용한 쌍두사의 '카두케우스' 지팡이와 모세의 권능을 수행한 청동 뱀의 지팡이도 있군요
 아즈텍의 깃털달린 뱀 신 '케찰코아틀'은 위대한 쌍둥이로도 불렸고 죽음을 통해 부활하는 힘의 기원이었습니다
 생명나무가 있던 에덴동산에는 고대의 뱀이 있어서 이브에게 선악의 지혜를 가르쳤습니다
 아마존의 샤먼들은 지금도 엑스타시에 젖은 채 환상 속의 뱀으로부터 식물과 약초의 지혜를 전수받는다고 합니다

 딴뜨라 행자인 요기들은 호흡으로 미저골 아래 잠자는 뱀의 기운 '쿤달리니'를 일깨워 머리를 들게 합니다
 불의 요가와 꿈의 요가와 빛의 요가가 이 '생명의 나무'인 척추를 거꾸로 올라가는 기술입니다
 태양과 달의 기운으로 일곱 개의 차크라를 각성시킨 쿤

달리니는 요기의 정수리에서 '천 개의 꽃잎으로 피어난 연꽃'을 각성시켜 요기의 영혼을 불사에 이르게 합니다

생명의 비밀한 힘들은 왜 뱀의 형상을 하고 있을까요

고대인들은 어떻게 뱀의 이미지와 형상으로부터 지혜를 이끌어낼 수 있었을까요

그들은 환각식물이나 엑스타시의 힘으로 유전자에 숨어 있는 생명의 프로그램을 엿본 해커였을까요

'닝기쉬즈다Ningishzida' : 메소포타미아의 식물생성을 관장하는 신
'카두케우스Caduceus' : 제우스의 명령을 전달하는 헤르메스의 지물이며 권능의 지팡이
'케찰코아틀Quetzalcoatl' : 아스텍에게 문화를 전수한 신의 이름
'쿤달리니Kundalini' : 인체의 회음會陰부분인 물라다라 차크라에 머무는 성력性力,
'생명의 나무' : 유대신비주의 카발라Kabala에 등장하는 세계의 창조와 구조에 관한 상징
'천개의 꽃잎으로 피어난 연꽃Sahasrara Padma' : 쿤달리니가 인체의 정수리에 이를 때 피어나는 해탈과 깨달음의 상태

세포 도시

　고해상도 현미경으로 찍은 세포를 들여다보면 세포는 하나의 도시국가입니다
　3만개의 단백질 교환센터가 에너지와 물질을 풀어 고도질서의 세포 도시를 운영합니다
　중앙에 세포핵이 성전처럼 있고 핵산에는 생명체의 시원인 DNA가 이스라엘의 성궤처럼 모셔져 있군요
　질소염기 AGCT의 알파벳으로 쓰여진 유전암호는 태초부터 지금까지의 생명의 역사를 기록했습니다
　인간의 염색체 23쌍은 500쪽 4000권의 장서로 채워진 도서관과 같다고 합니다
　인간의 몸은 100조의 세포도시가 모여 복잡계의 질서를 이룬 은하성단에 비유할 수 있습니다
　지구생태계는 약 3천만 종으로 분류된 생명연합의 다중우주이군요

　그러나 이 모두는 세포라는 문법으로 쓴 생명의 책들
　플라타너스의 잎맥과 당신의 정맥은 수액과 혈액을 운반하는 상동相同기관입니다
　이중나선 모양의 DNA의 총길이는 약 2000억km

야곱의 사다리처럼 지상에서 하늘까지 늘어선 생명의 나무입니다

5억 년 전 캄브리아기에 생명의 폭발이 일어나 생명의 에덴동산이 지구에 펼쳐졌습니다
1만 년 전 인간의 의식이 문자로 기록되면서 문명의 폭발이 일어났습니다
21세기는 지식이 매 2년마다 배증하는 정보 폭발의 시대
뇌 안의 가상세계가 현실의 시공간을 지나 풍선처럼 커지고 있습니다
뇌세포도 DNA가 쓴 문법이므로 인간의 의식이란 생명장生命場 스스로의 생각일까요
식물들의 오라와 페로몬도 식물들의 의식을 말하는 것일까요
이 모든 질문의 답을 품고 있는 생명은 번식의 춤을 추느라 몸이 달아올랐습니다
해바라기는 태양 아래 꽃을 피우고 공작새는 채색 무늬의 꼬리 깃을 부채처럼 펼쳤습니다

당신은 연인의 검은 눈동자를 보며 사랑에 빠져있습니다

대지의 열락悅樂

지상으로 올라간 백일홍 줄기는 사면상四面像의 브라흐마처럼 팔방으로 가지를 뻗고 있다.

나와 세계의 구분이 없는 에덴, 플레로마의 황금시간에서 백일홍은 검은 무의식의 대양에서 꿈을 꾸고 있다

몇 만개의 눈을 가진 아르고스처럼 돋아난 푸른 이파리들이 태양과 구름과 바람의 풍경을 의식 안으로 끌어 들인다

프로메테우스의 불처럼 밝아진 백일홍의 의식은 세상의 모든 나무가 태어나는 이유와 비밀을 담아 카발라의 생명나무처럼 꽃을 피우고 떨어뜨리는 놀이를 계속한다

백일홍의 꽃들은 교향곡의 대위代位와 화음 속의 악기처럼 빛의 음악을 연주한다

산실에서 태어난 아기가 어머니의 품속에서 눈을 맞추고 있다

데메테르가 옥수수처녀 페르세포네의 몸을 통해 세상에 드러낸 목숨의 행복을 아기는 어머니와 한 몸이라는 꿈을 통해 경험한다

'행복하도다. 하데스가 지배하는 지하세계로 떠나기 전

에 엘레시우스의 비의秘義를 보는자여! 그는 생명의 끝과 그 시작을 안다. 이 기쁨을 본 자는 세 배로 행복하며 참된 생명을 얻을 것이다. 그 영혼은 기억도 없고 생기도 잃은 슬픈 그림자로 남지 않을 것이다.'

 헤로도토스의 「데메테르 찬가」는 아기와 백일홍의 목숨이 세계의 꿈이며 비슈누의 꿈임을 암시한다

 검은 세상의 시간은 사신의 꼬리를 먹고 있는 우로보스의 뱀처럼 둥근 모양으로 말려져 있다

 플레로마Pleroma: 충만과 완전한 상태, 물질계의 한계를 초월한 영역을 경험하고 있는 상태
 엘레시우스Elesius: 대지의 여신 데메테르를 숭배하는 신자들이 죽음을 초월하는 생명을 위해 비교의식을 행한 장소

마법피리

　소리는 인간의 귀에 걸리는 가청주파수로 몸을 드러내지만 남극에 사는 심해고래처럼 초음파나 저주파로 허공을 헤엄친다

　만파식적萬波息笛으로 나라의 근심을 잠재운 신문왕神文王의 기록이 삼국유사에 있다

　낮에는 두 몸이고 밤에는 한 몸이 되는 대나무로 만든 이 피리는 파도소리인 뱀 새끼들을 침묵으로 불러들이는 힘이 있었다

　지금 시대에 마법피리는 사라졌고 침묵의 어두운 동굴에서 피리소리는 만년 잠을 자고 있다

　소리가 마법의 힘을 낸 기록이 여호수아서에도 있다

　예리고 성을 포위한 여호수아는 성궤를 메고 일곱 바퀴를 돈 후, 뿔 나팔과 병사들의 고함으로 성벽이 저절로 무너지게 했다

　파워앰프인 성궤는 나팔소리를 바위의 무게중심에 걸어 지렛대처럼 사용했지만 성궤도 역사에서 사라져 침묵으로 돌아갔다

창세기의 저자는 이 세계가 소리의 드러남인 말씀으로
창조되었다고 기록했다
　인간이 만든 어떤 북소리보다도 큰 이 울림의 말씀은
천둥번개의 힘과 권력으로 심장의 경배를 요구한다
　파고波高와 파저波低 사이에 회오리치는 소리에너지들은
싹과 알들을 부화시키거나 죽음 속으로 가라앉힌다
　마법피리는 번신하는 괴물이며 세상의 힘을 빨아들인
침묵의 아들, 불 마차를 탄 태양처럼 세상을 감시한다

UFO의 재해석

　역사의 창고에는 종교인들이 구원 중독에 빠진 상징물이 있다
　A.D세기가 시작되면서 신의 아들이라 자칭한 사람이 갈리리 호수로 내려가 온갖 진귀한 환상들과 구원의 약속을 잔뜩 풀어놓고 가버린 적이 있었다
　에스겔의 환상을 근거로 사람들은 신의 아들이 UFO를 타고 오리라 믿었다
　마야의 케찰코아틀처럼 피부가 하얀 신이 현세의 구원을 하리라 생각했다
　UFO의 착륙 장소인 교회를 세우고 안테나인 십자가를 세웠으며, 관제사인 사제가 상주했으나 UFO는 오지 않았다
　UFO의 소문만 세기말의 불안과 함께 온 지구를 휩쓸었다
　UFO의 소문만큼이나 많은 종파와 교회가 하늘의 별처럼 열방에 세워졌다

　카팔라 성의 마야왕비는 UFO인 흰 코끼리가 천상에서 내려오는 꿈을 꾸었다

코끼리는 은빛이며 네 개의 빛나는 상아를 가졌으며, 마야왕비의 침상을 세 번 돌고 코로 옆구리를 친후 자궁으로 들어갔다

카팔라에서 친정인 콜리성으로 가는 도중 룸비니동산에서, 왕비는 무우수無憂樹나무 아래에서 깨달은 자라 칭하는 아들을 낳았다

제법무아諸法無我와 공空의 이론을 세운 깨달은 자는 고집멸도苦集滅道의 불법을 설하고, 쿠시나가르의 사라쌍수 밑에서 몸이 가죽부대처럼 말라 열반에 들었다

깨달은 자의 이론에 따라 부처가 되기 위한 제자들이 그 후 수천만이었으나, UFO인 코끼리를 타고 환생했다는 소문은 없었다

세세연년 윤회를 하며 UFO인 코끼리의 몸을 기다리는 수도자들이 소승과 대승과 금강승의 수레를 타고 팔방八方을 돌아다녔다

거미신화

　울울창창한 뇌의 신경망 숲에 거미들이 투명한 법망法網을 짰습니다
　나뭇가지와 숲 사이, 아침노을과 저녁황혼 사이, 탄생과 죽음 사이 거미들은 기억의 숲에 천지사방을 가리는 큰 거미줄을 만들었습니다
　내 뇌에는 생각과 형상을 지어내는 여왕거미가 또아리를 틀고 자신이 세운 거울나라를 나르시스처럼 쳐다봅니다
　무선 인터넷망이 지구를 수억 겹으로 덮은 21세기에서는 거미집의 프로그램과 '매트릭스'가 불멸의 데이터 제국을 세웠습니다

　뇌가 디자인한 세상은 기호의 바벨탑
　여왕거미가 인드라망의 매듭으로 묶은 표현은 강철과 합금보다도 질기며 영원합니다
　꿈의 나비와 관념의 벌레들이 내 뇌에서 태어나 여왕거미에게 먹힙니다
　여왕거미는 태양의 혼이며 시간과 공간을 빛의 그물로 엮어 세계를 그려냅니다
　여왕거미의 독에 취한 나는 독수리의 눈과 박쥐의 귀로

세계환상을 이미지로 불러와 시를 씁니다

  뱀치마를 입은 아즈텍의 여신 코아틀리쿠에의 심장에서 '꽃과 노래'의 시가 흘러나옵니다
  블랙홀인 시공간의 궁창을 지나가는 태양 거미, 하늘의 별들이 불타는 꽃잎처럼 떨어지는 예언의 밤, 천만 송이 언어의 장미가 피어있는 미로원
  마야력 제 5태양의 시간이 저무는 황혼 속에서 내 안의 여왕거미가 비슈누의 꿈과 같은 암흑질서의 무늬를 펼치는 동안
  세계정신을 보려는 내 안의 시가 독이 오른 뱀눈을 뜨고 바람에 흔들리는 거미도시의 불안 속에 있습니다

에로스, 그 심연의 비밀

플라톤의 『향연』에서 아리스토파네스는 인간의 사랑에 대한 기원을 말한다

'옛날에는 자웅동성의 인간이 있었고 둥그런 등과 원형의 옆구리에 네 개의 팔과 다리가 있었네. 둥그런 목에 두 얼굴이 반대 방향으로 보는 머리가 있었으며 성기도 둘이라네. 원모양으로 굴러가기도 했던 이들은 대단한 힘과 능력으로 신들까지 공격했다네. 인간의 오만함을 참을 수 없어 제우스는 마가목 열매를 자르는 사람처럼 또는 달걀을 말총으로 나누는 사람처럼 인간을 둘로 나누고 두 다리로 걷도록 했네. 인간은 자신의 다른 반쪽을 갈망하면서 팔로 상대방을 껴안고 얼싸안으며 한 몸이 되기를 원하며 굶주림 또는 무기력으로 죽을 지경에 이르렀다네. 반쪽이 죽으면 살아남은 반쪽은 남녀를 불문한 다른 반쪽과 결합하려는 욕망 때문에 인간이 멸종할 지경에 이르렀다네. 자웅동체일 때는 성기가 바깥으로 향했기 때문에 인간은 매미처럼 땅속에 생식을 하여 아이를 낳았으나 제우스는 인간의 성기를 앞으로 향하게 해서 남성과 여성의 성기가 결합하여 자식을 낳게 했다네. 인간의 서로에 대

한 사랑은 태초부터 인간의 본성 속에 있었는데 둘을 하나로 하는 결합이 인간의 상처받은 본성을 치료했다네.'

지혜와 공성空性이 하나임을 성취하기 위해 수행자의 쿤달리니는 차크라를 열고 상승하여야 한다
쿤달리니는 샥티의 요니yoni로 시바의 링가linga를 덮은 곳에서 뱀의 에너지로 잠자고 있다
요니의 수축과 압박에 의해 시바의 쿤달리니가 눈을 뜬다
용의 기운으로 승천한 쿤달리니는 수행자의 정수리에서 남성과 여성의 연금鍊金을 이룬다
최고의 지복인 불이不二를 향해 딴뜨라의 시는 노래한다

'그대 연꽃yoni과 나의 다이아몬드linga가 나뉘기 이전의 상태로 돌아갈 수 있나니 이는 그대 연꽃yoni과 나의 다이아몬드linga가 만남으로서만 가능한 것. 여기, 그대를 그리는 내가 있나니, 나에게 안겨오는 그대 있나니, 남자와 여자가 그토록 만나고 싶어 하는 비밀이 여기 있나니, 너와 내가 그토록 만나고 싶어 하는 비밀이 여기

있나니, 옴 마니 반메 훔, 연꽃 속의 보석이여. 이 완전한 성취여.'

*석지현의 밀교密敎를 참고로 함

파라다이스의 정원과 성전聖戰

　마르코폴로의 동방견문록은 신비적인 비밀결사 암살조직인 아사신파의 비밀교의와 산장로山長老라 불리던 종파의 지도자에 대해 기록을 남겼다
　'하산 사바흐는 산속의 계곡을 사들여 크고 아름다운 정원을 만들어 여러 과일나무를 심었다. 궁전과 누각에 금박과 선명한 색을 칠했다. 포도주와 우유와 꿀과 물이 흐르는 배수로가 있다. 묘령의 미녀들이 악기를 연주하며 아름다운 목소리로 노래하고 예쁘게 춤춘다.
　산장로가 선발한 열두 살에서 스무 살까지의 소년들은 알라에 대한 믿음과 함께 입구가 하나인 계곡으로 들어간다.'
　마약에서 깨어난 암살자들은 파라다이스의 정원이 있는 계곡의 밖에서 불타는 모래지옥과 지루한 현실이 있는 곳에서 신의 성전聖戰으로 영혼의 구원을 얻고자 했다

　주상복합 상가단지에는 펜트하우스와 실내정원이 있으며 선인장에서 은목서까지 사계절의 수목이 피어있다
　3D텔레비전과 HDMI 1.4버전의 오디오시스템이 실제보다 더 리얼한 감각으로 세계의 절경을 보여준다

미인들이 출현하는 영화와 가상게임은 환상과 공감각의 모방을 통해 현실 밖의 천국을 현대인들에게 약속한다
 서울의 기업전사들은 자신이 자본에 의해 구원되었음을 체험으로 안다
 자본의 비밀결사인 다국적기업들이 전차 같은 불도저로 아마존의 삼림을 무너뜨리거나 중동의 석유와 아프리카의 광산을 얻고자 하는 전쟁이 역시 현대판 성전聖戰이라는 사실도 받아들인다

 잠에서 깨어난 나는 매연과 소음의 네거리를 지나 자동차로 출근한다
 직장에는 칸막이로 격리된 책상 위에 컴퓨터와 전화기와 업무편철집이 개인 군장처럼 배치되어 있다
 이메일로 전송된 공문과 회의 일정이 불타는 모래지옥처럼 펼쳐져 있다
 나는 자본의 대리인인 조직의 명령에 의해 죽기를 각오하고 일한다
 나와 기업전사들은 시장 시스템과 도시의 아케이드는 자본의 경전과 성소聖所이며 자본의 축복 아래 있다는 교

의를 받아들인다

　신자유주의 제국의 신민은 자본이 유일신이며 자본의 목적은 수단을 정당화한다는 교의도 믿는다

　아사신파의 비밀교의는 천년 후에도 파라다이스를 본 암살자처럼 현실에 살아있다

　우리는 모두 자본의 성전聖戰으로 육체의 구원을 얻고자 한다

해설

환상적 신화와 심오한 시세계를 드러내는 다양한 시의 풍경들과 사색의 여정

우원호(시인, 시인광장 발행인 겸 편집인)

　김백겸 시인. 그는 1953년 대전에서 출생하였으며 충남대학교 경영학과와 경영대학원 졸업했다. 시인이자 정부출연 원자력연구소 연구원의 감사책임자, 명리(命理)연구가 등 다소 어울리지 않는 직함들이 그의 이력이다.
　그는 외아들로서 집안의 생계를 책임져야하는 현실에서 장래의 직업으로 예술이나 철학을 선택하기는 쉽지 않았다고 회고한다. 대학에서 경영학을 전공한 그는 대학시절 경영학 서적보다는 시와 미학, 철학책을 읽으며 문학을 꿈꾸었다.
　그런 그는 대학 졸업후 원자력연구소에 취직을 하며 경제문제가 해결되자 문학으로의 항해를 시작해 1983

년 서울신문 신춘문예로 등단함으로써 시인으로 인정받기 시작했다.

등단 이후, 『비를 주제로 한 서정별곡』,『가슴에 앉힌 山 하나』,『북소리』,『비밀방』,『비밀정원』 등 5권의 시집을 내며 우주와 내면에 대한 깨달음을 시세계를 펼쳐왔다.

그는 "대학에서 문예창작 강의를 하면서 더 많은 시간을 문학에 할애했더라면 지금보다는 좀 더 나은 시인이 되지 않았을까 하는 아쉬움이 있다"고 토로한다.

김백겸 시인의 시적 성장과 과정은 순탄하지 않았다. 세 번째 시집 『북소리』에 실린 「빈집의 지붕」에서 "나는 연필을 던져버렸네/(중략)이름 앞에 시인이란 관사가 붙던 날 이후/내 시는 기호와 그림으로 액자 속에 들어가/사람들이 심심할 때 둘러보는 동물원의 짐승이 되었네"라고 표현한 것처럼 그는 시의 무용론에 빠져 40대 10년간을 절필했다. 이때 명상과 주역과 명리학에 천착했던 그는 사물과 인생은 드러나지 않는 질서(天命)에 의해 움직인다는 것을 깨닫게 되었고 우주와 세상에 숨겨진 비밀스런 의미를 오십대에 시를 다시 재개하면서 드러내기 시작한다.

"'나는 무엇인가?' '세계는 무엇인가?'에 대한 끊임없는 고뇌와 사색의 여정"이라고 당시를 회고한다. 그는 "음양오행을 공부하며 내 삶의 천명은 어떤 것이며 자연과의 조화 속에서 마음의 고통을 줄이는 지혜를 터득한 시간 들이었다"고 의미를 부여했다. 고통과 사유의 바다에서 누에고치를 뚫고 한 마리 나비로 힘차게 날아오른 그는 "인간은 누구나 시심(詩心)을 가진 사유이성으로 다양한 삶의 체험 속에서 우러나는 시 쓰기를 통해 고치를 깨뜨리고 나비가 될 수 있다"고 시인을 꿈꾸는 이들에게 권유한다.

  2008년에 발간된 김백겸 시인의 다섯 번째 시집 『비밀정원』에는 주역과 명리학은 물론, 광활한 우주까지 상상력의 진폭을 확장하며 그를 통해 깨달은 사유의 정수를 담r고 있다. 신화와 현실 세계를 넘나들며 재창조된 세계는 찬란하고 생생하다. 시인의 손으로 빚은 세계임을 인식하면서도 독자들은 "비밀정원"으로 뛰어들기를 주저하지 않는다.
  별, 달에 대한 신앙을 잃어버린 지 오랜 세월이 지난 지금, 우주는 과학자쯤 되어야 관심을 기울이는 학문의 영역으로 옮아간 지 오래다. 이런 시대에 만난 김백겸 시집의 첫인상은 좀 낯설다. 아직 주술과 신화가 세계의 한 축을 지탱하고 있었을 무렵의 이야기들을 마주하고 있는 것 같은 느낌을 지울 수 없기 때문이다. 별, 달, 하늘에서부터 성서, 그리스 신화까지 그가 차용한 소재들은 그간 시대상과 밀착한 일상의 면면을 동력으로 삼았던 시들과는 확연히 구별된다. 주목할 점은 그가 이런 소재들을 현대적 이야기와 적절하게 조합해서 현실과 신화적 세계를 모두 아우르는 제3세계상을 그려내는 데 성공했다는 것이다.

또한 그의 시세계는 다양한 시의 풍경들과 풍부한 이야깃거리를 담아서 독자들은 그의 시집을 펼쳐드는 순간 기묘한 세계로의 여행을 시작하게 된다. 김백겸 시인의 시 「거미신화」와 그의 이번 여섯 번째 시집 『기호의 고고학』에 수록된 표제시 「기호의 고고학」은 이런 환상적 신화의 세계를 드러내는 그의 대표적인 시들이며 언어의 본질에 대해 진지하게 사색하게 하는 매우 훌륭하고 고전적인 작품들로 평가된다 .

   울울창창한 뇌의 신경망 숲에 거미들이 투명한 법망法網을 짰습니다
   나뭇가지와 숲 사이, 아침노을과 저녁황혼사이, 탄생과 죽음 사이 거미들은 기억의 숲에 천지사방을 가리는 큰 거미줄을 만들었습니다
   내 뇌에는 생각과 형상을 지어내는 여왕거미가 또아리를 틀고 자신이 세운 거울나라를 나르시스처럼 쳐다봅니다
   무선 인터넷망이 지구를 수억 겹으로 덮은 21세기에서는 거미집의 프로그램과 '매트릭스'가 불멸의 데이터 제국을 세웠습니다

   뇌가 디자인한 세상은 기호의 바벨탑

여왕거미가 인드라망의 매듭으로 묶은 표현은 강철과 합금보다도 질기며 영원합니다

꿈의 나비와 관념의 벌레들이 내 뇌에서 태어나 여왕거미에게 먹힙니다

여왕거미는 태양의 혼이며 시간과 공간을 빛의 그물로 엮어 세계를 그려냅니다

여왕거미의 독에 취한 나는 독수리의 눈과 박쥐의 귀로 세계 환상을 이미지로 불러와 시를 씁니다

뱀치마를 입은 아즈텍의 여신 '코아틀리쿠에'의 심장에서 '꽃과 노래'의 시가 흘러나옵니다

블랙홀인 시공간의 궁창을 지나가는 태양 거미, 하늘의 별들이 불타는 꽃잎처럼 떨어지는 예언의 밤, 천만송이 언어의 장미가 피어있는 미로원

'마야력 5태양의 시간'이 저무는 황혼 속에서 내안의 여왕거미가 '비슈누'의 꿈과 같은 암흑질서의 무늬를 펼치는 동안

세계정신을 보려는 내 안의 시가 독이 오른 뱀눈을 뜨고 바람에 흔들리는 거미도시의 불안 속에 있습니다

― 「거미신화」 전문

'태초에 빛이 있으라하매 빛이 생겨났다'는 문장처럼 말씀과 사물이 한 몸이었던 행복한 시대의 말이 있었다

에덴으로부터 지상으로 내 던져진 말들은 흙으로 돌아가야 하는 아담의 몸처럼 썩고 부서지는 낙엽의 운명이 되었다

말들이 인간의 의식에서 태어났으나 대양으로 흐르는 시간의 강에 뜬 물살의 거품이었다 말들은 심연으로부터 솟구친 바위 같은 세계풍경에 걸리며 인간의식에 굴곡과 무늬를 만들어 냈다

아라베스크 문양의 회교사원처럼
사각형과 원이 중첩된 티벳만다라그림처럼
말과 말이 결승結繩문자처럼 얽힌 만화경이 문명이었다
말의 역사 속에서 상징의 피라미드, 은유의 크레타미궁, 이미지의 알렉산드리아가 세워졌다가 무너졌다

인간의 생각들이 말의 요람에서 태어나 말들의 무덤에서 죽었다
제도와 법률과 화폐와 인간이 프로그램한 모든 도구들이 부장품처럼 묻혔다
인류의 의식은 흙의 잠속에서 도서관의 책들과 박물관의 미이라같은 말의 꿈을 꾼다
죽은 생각들이 진시황의 병마총처럼 묻혀 드라큐라의 수혈같은 재생의 시간을 갈구한다
나는 독자들을 비경으로 안내하는 헤르메스처럼 지도와 랜턴을 준비해서 캄캄한 흙의 시간으로 내려가 문명의 모든 기억을 들여다본다
― 「기호의 고고학」 전문

이성혁 평론가는 김백겸 시인의 시 세계를 다음과 같이 조망한다. "시를 통해 광대한 시공간을 배경으로 삼

고 있는 인도 신화와 금강계의 세계를 이렇게 보여줌으로써, 시인은 세계에 내재한 우주 본질의 아름다움, 그리고 생명 원리의 경이를 드러내고자 한다. 이는 신화의 진실을 통해 합리와 현상의 감옥에 삶을 가두는 근대의 기계적 세계관으로부터 초월함으로써, 근대인의 삶에 우주적 기쁨을 되돌려주려는 시의 야망을 보여준다."

그리고 시인이며 김백겸 시인과 함께 '시힘' 同人으로 활동중인 공주대의 양애경 교수는 그를 가리켜서 '우주와 세상에 숨겨진 비밀스런 의미를 시로 풀어놓은 전문가'라고 한마디로 정의한다. 그와 같이 김백겸 시인은 천체망원경과 전자현미경을 손으로 다루는 것 같은 솜씨로 무한대와 극미계(極微視)의 세계를 시로 풀어내고 있다.

또한 변의수 시인은 김백겸 시인의 시를 '심해(深海)의 우주율을 자아내는 사유의 누에고치'라고 표현했다.

"우리의 현실에서 고치를 뚫고 나비로 날아오르는 정신의 각성은 실로 어렵습니다. 고치를 깨뜨리고 나비가 되기보다는 대부분 고치 상태로 죽어가고 말지요."

시인의 몸은 소우주다. 벌레의 제국-숲에서 일어나는 모든 현상은 시인에게 정보로 제공된다. 제국 안의 벌레와 짐승의 심장이 시인의 귀가 되었지 않은가. 숲-벌레의 제국을 폐허로 만들 수 있는, 밤이 선물한 힘이 시인에게 있다. 대우주(지구)의 정신의 가치다원도 이미 포화할 만큼 포화했다. 펜을 다시 잡은 시인의 페니스. 포화한 정신에 시인이 페니스를 꽂자 마침내 밤은 시인에게 침묵의 소리를 들려준다. 그 침묵의 소리는 바위로 별로 오래된 사원의 기둥으로 용의 몸 같은 산맥으로 존재했고, 시간이 늙으면서 휴화산이 되었다. 휴화한 침묵은 시체처럼 놓여졌다. 온갖 세균들이 번식하면서 썩는 냄새가 진동했지만 곧 침묵의 소리는 빛과 함께 깨었다.

그런 그가 시론집 『시적 환상과 표현의 불꽃에 갇힌 시와 시인들』과 『시를 읽는 천 개의 스펙트럼』을 펴내 화제를 크게 모았었다.

두 권 모두 그가 5년여 동안 웹진 『시인광장』을 비롯해서 여러 시 전문 문예지 등에 시작품과 함께 틈틈이 발표했던 시론들을 모아 엮은 책들이다.

『시적 환상과 표현의 불꽃에 갇힌 시와 시인들』은 우리 시문학에서 중요한 지점이 되고 있는 시인들-이를테면, 한용운, 박인환, 김춘수 등-에서부터 현재 활발히 활동 중인 시인들에까지 저자 특유의 시선이 담겨있다.

"시간은 강이다"라는 은유를 좀 더 들여다 보자. 강의 힘과 그 물살이 만들어내는 변화와 강 속에 비친 나무와 구름들의 그림자는 거울과 꿈의 풍경처럼 비쳐 있다. 우리는 시간이라는 강 속에 비쳐 있는 그림자이며 꿈의 풍경이다. 시간은 마르지 않는 원천에서 흘러나온 샘물처럼 흐르면서 모든 만물을 적시고 간다. 탄생과 죽음이 꿈의 풍경이다. 시간을 들여다보며 인생의 교훈을 얻는 자는 지혜로운 자이고 시간을 들여다보며 인생의 아름다움을 얻는 자는 시인이다.
 - 본문 중에서

 모두 2부로 구성되어 시인들의 시론을 담은 이 책은 문학이 지닌 고유의 자유로움과 문학하는 자로서의 무게감을 동시에 느낄 수 있는 시론집이다.

 또한 『시를 읽는 천 개의 스펙트럼』은 다중문화와 멀티라이프 시대인 현대에서 시인으로 살아가며 사유한 시의 가치와 효용성, 시가 인간의 심혼에 왜 중요한지를 기존의 형식적 시론 대신 창작체험에 의한 견해를 담담하게 풀어낸 독특한 시론을 엮었다. 이 책의 문체는 옥타비아 파스의 『활과 리라』를 연상시킨다.

 그는 이 책의 부제인 「다중문화와 멀티 라이프(Multi Life) 시대의 시들」이란 글에서 "시란 시인이 마음의 환상을 글자(기호)로 표현한 메시지이기에 본질상 두 남녀 사이의 '사랑'과 다르지 않다. 다만 시는 세계를 대상으로 한 '사랑'을 표현한 '연애편지'이다. 연애편지라는 표현을 쓴 것은 나를 보아달라는 '외침'과 '발화'가

시 안에 타오르기 때문이다."라고 하였으며 "옛 사람들이 시를 쓰고 물 위에 흘려보냈다는 고사가 있다. 이때의 시는 시인 내부의 자신(Self)에게 보낸 '외침'이다. 그러하기에 인간(人間)이 아니라면 "시란 비둘기가 본 파르테논신전의 '대리석'처럼 흰 종이 위의 검은 무늬가 될 뿐"이라고 강조했다.

김백겸 시인은 「슬픈 마약」이라는 글에서 "시는 우리의 감성과 직관이 사물에 내재한 리듬을 발견하는 것이며 이를 기호와 상징으로 표현하는 유희이다. 이 리듬을 확인하는 일로 인해 인간은 자신이 자연의 자식이며 신비주의자들이 말하는 우주의 신성과 기쁨에 의한 결과물임을 확인한다. 시를 쓰고 읽는 일은 생존에 필요한 현실적 가치와 목표와는 별 상관없이 인간에게 기쁨을 일으킨다"며 "시와 동일한 포에지에서 출발한 음악이 24시간 방송을 타고 일상인들은 하루의 스트레스를 노래방에서 노래로 해소해야 하는 이유가 여기에 있다고 믿는다"라며 시 역시 언제 어디서든 낭송되고 읽히면서 인간에게 기쁨을 줘야 한다고 역설한다.

「시의 맥락과 관점」이란 글에서는 "나에게 시를 읽는 기쁨을 준 시들에 감사한다. 싫으나 좋으나 우리들은 삶의 여정에 있다. 아침부터 저녁까지 초년부터 노년까지 사물의 풍경을 인식하고 가슴의 희로애락을 느끼며 산다. 시는 이 과정의 표현이며 결국은 삶의 드러냄이라 할 수 있다. 보르헤스는 '삶은 시로 이루어져 있다'라는 말을 했다. 표현에 제약이 있는 언어는 표현하고자 하는 시인의 열망에 저항한다. 언어가 삶이 아닌 것처럼 보르헤스의 정의대로라면 언어가 시는 아니다. 언어가 시라면 언어학을 열심히 공부하면 훌륭한 시가 써질 것이므로 그처럼 쉬운 일이 어디 있겠는가. 언어가 시가 아니라는 데에 시의 비밀이 있다" 시의 새로운 가치에 대해 역설한다.

김백겸 시인. 그는 1984년 고형렬 시인, 고운기 시인, 안도현 시인, 오태환 시인 등과 국내 시단을 주도하는 시동인회〈시힘〉을 결성했다. 그는 그 후일담을 웹진『시인광장』2007년 겨울호에서 다음과 같이 회고했다.

"웹진『시인광장』우원호 발행인 겸 편집인으로부터「시힘」소개 원고 청탁을 받고 보니 아득한 기억만 떠오른다. 나는 1983 서울신문으로 "기상예보"가 당선이 되어 문단에 나왔다. 지면이 없던 시절이었고 년말에「현대시학」신춘출신 특집에 겨우 작품 2편을 발표하였다. 그리고는 그만이었다. 이때는 잡지사 출신들이 더 유리했다. 당시에「민중문학」이 불길처럼 주류를 이루었고 나처럼 도시서정에 모더니즘을 가미한 시를 쓰던 시인들은 아무도 쳐다보지 않았다. 제도권의 발표지면을 우회해서 동인지가 유행인 시절이었다.

「시와 경제」「시와 반시」「시운동」 등이 기억에 남는다. 서울 시인들이 아무래도 정보에는 발이 빠르다. 발표지면을 동인지로 우회하는 전략은 83년도 동아일보 고운기와 창비로 이미 등단한 고형렬이 발동을 걸었다. 나를 비롯해. 82년도 중앙일보로 나온 양애경 83조선일보 최문수 83 중앙일보 김경미 84년도 동아일보 등단한 안도현 84년도 조선.한국으로 나온 오태환 84 서울신문의 강태형이 합세해 시작했는데 처음에는 서울 대전 전주를 왔다갔다 하면서 1달에 1번씩 모여 합평을 할 정도로 열기가 뜨거웠다. 이름을 정하는데 논의가 많았지만 내가 제안한 「시힘」이 최다득점을 얻어 지금까지 사용한다. 처음에는 좀 낯설었으나 괜찮은 작명이었다고 생각한다. 80년대 후반에 접어들면서 다른 동인들의 활동이 저조해지고 「시힘」과 「시운동」이 문단의 주축이 되는 때가 왔다. 이 때 85년도 한국일보로 나온 정일근과 86년도 한국일보로 나온 최영철이 합류하고 이어서 창비로 나온 박철과 시집 「사람」으로 시작한 황학주가 가세했다. 여기까지가 우리들은 시힘 1기라 부른다. 「시운동」이 1기 동인과 2기 동인으로 나누어진 것과 무관하지 않다.

아시다시피 시힘의 동인들은 이름의 프리미엄이 별로 필요 없는 개인역량이 더 뛰어난 시인들이 많다. 그러나 「시힘」이라는 울타리를 굳이 해체하지 않는 이유는 청년시절 문단을 지내면서 애환과 정이 쌓여서이다. 물론 이 와중에 시를 쉬면서 또는 개인적인 사유로 시힘을 떠난 시인들도 있다. 최문수 오태환이 바로 활동을 쉬었고 강태형은 「문학동네」사업을 시작하면서 황학주는 외국으로 나가면서 고형렬은 창비에 전념하느라 일단 시힘활동에서 접었다. 그래서 현재 1기 맴버에는 고운기, 양애경, 김백겸, 김경미, 안도현, 박철, 정일근, 최영철이 남아있다. 사실은 나도 90년대 10년을 작품활동을 거의 쉬었다. 동인지에만 미리 써둔 작품을 발표하면서 이름만 유지했는데 그 사이에 다른 동인들의 눈부신 활동은 지면으로 다 말하기 어렵다.

이 시기에 우리들이 2기라 부르는 나희덕(1989년 중앙일보) 과 이윤학(1990년 한국일보) 문태준(1994년 문예중앙), 박형준(1991년 한국일보), 이대흠(1994년 창작과 비평), 김수영(1992년 조선일보), 김선우(1996년 창작과 비평)가 가입했다.

시힘에는 동인들을 선발하는데 불문율로 전원 합의제 원칙이 있다. 한 사람이라도 반대하면 가입하지 못한다. 먼저 발표된 작품을 보고 그 다음에 본인을 접촉해 동인으로서의 품성을 본다. 물론 본인이 고사한 경우도 있지만. 시힘동인의 활동을 원했으나 위 원칙에 의해 같이하지 못한 경우가 많이 있다. 모두 인연이라 생각한다. 이런 어려움에도 최근에 시힘 3기가 선발되었다. 휘민(2001년 경향신문) 김성규(2004년 동아일보) 김윤이(2007년 조선일보)가 그들이다. 시 힘의 스텍트럼이 넓어지고 이들이 새 활력으로 시힘과 한국시단이 활발해질 것을 기대한다.

「시힘」 동인들의 세계관은 매우 다양하며 딱히 이것이다라고 말하기는 어렵다. 그러나 대체로 전통서정에서부터 현대도시문명의 서정에까지 주로 서정에 뿌리를 둔 상상력들을 보여주고 있으며 일반독자들에게 호소하는 힘이 강한 것 같다. 모더니즘에 경도되거나 실험시를 쓰는 동인이 드물다. 아마도 「시힘」 동인을 선발할 때에 이런 기준이 무의식적으로 작용하지 않나 싶다. 시힘도 나이가 20년이 넘어섰다 1984년도에 창립되었으니 만 23년이 된 셈이다. 이 긴 세월동안 「시힘」도 위기가 없었던 것은 아니다. 한 때는 해체의 위기가 있었다. 격변하는 사회문화에 「시힘」이라는 문학단체가 무력하다는 자괴감과 개인들의 뛰어난 문학적 역량이 동인이라는 의미가 별로 없어진 탓이라 여겨진다. 그러나 그 시기를 극복하고 젊었던 시인들도 중년이 되었으며 가장 나이가 많은 나는 오십 중반에 이르렀다. 시힘' 창립동인으로서 내 이야기를 조금 보태보자. 알다시피 나는 1983 서울신문에 '기상예보'로 데뷔했으나 도시서정에 다소의 모더니즘을 가미한 시풍이었다. 당시는 리얼리즘문학(민중문학)이 유행하던 시절이었고 별로 주목을 받지 못해 90년대 시를 접었다. 그러나 오십을 넘으면서 현실과 세계와 나(self)의 문제가 한꺼번에 붕괴하는 시련을 겪었고 정신의 위기가 왔다. 이 위기를 간신히 넘기자 시를 다시 쓸 수 있는 힘이 생겼다. 만약 내가 「시힘」 동인이 아니었더라면 문단에 복귀하는데 상당히 힘들었을 거다. 일체의 시와 문학을 놓았던 10년동안 「시힘」 동인들의 시집은 집에 배달되었고시의 끈은 유지되었으며 동인들은 나를 시인으로 여전히 대접했다. 내가 다시 작품을 쓰고 복귀했을 때 내 이름을 기억하는 문단이 청탁을 해주고 지금은 많은 작품을 쓰고 발표한다.「시힘」이라는 이름이 지금은 내 안의 시 힘이 되었다."

김백겸 시인. 그는 언제나 자신에게는 엄격하나 타인에게는 관대한 외유내강형의 시인이다. 평소 그를 잘 아는 많은 지인들은 학식과 견문이 매우 넓고 클 뿐만이 아니라 인간미가 넘치는 21세기의 선비라고 그리 호칭한다. 실로 그는 그의 모든 글과 그의 말과 그의 행동에서 어느 때는 송강 정철(松江 鄭澈)처럼 매우 고고한 선비처럼 느껴지고, 어느 때는 이상(李箱)이나 헤르만 헷세처럼 느껴지는 매우 격조 높고 이성적인 시인으로, 또한 어느 때는 니체나 까뮈 같은 철학자의 모습으로 시대를 앞서가는 지성인의 표상처럼 느껴지는 그런 시인이다.

자선 시론

시poesie의 '시뮬라크르'와 실재實在라는 광원光源

시poesie의 사영射影

　수학의 기하학은 점, 직선, 평면을 원소로 해서 도형의 집합이 되는 공간의 수리적 성질을 연구한다. 유클리드 기하학은 B.C 3세기에 유클리드가 고대 그리스 수학을 집대성한 『기하학 원론』에서 시작되었는데 지구를 평평하다고 본 고대세계의 공간 관념을 반영한다.
　19세기에 가우스 등이 시작한 비유클리드 기하학은 '평행선은 만나지 않는다'는 유클리드기하학 제5공준을 부정하고 '평면상의 두 직선은 모두 만난다'는 공리를 세워 다른 체계의 기하학을 세운다. 지구가 타원체라는 사실을 감안해서 평행선은 모두 만날 수밖에 없다고 가정한다. 공간에 관한 성질은 파스칼 등의 수학자에 의해 사영기하학射影幾何學으로 확대되고 유클리드와 비유클리드기하학의 공간은 사영기하공간의 특수 사례가 된다.
　아리스토텔레스의 『시학』과 공자의 '사무사思無邪'이

론 이래 시학은 문화패턴에 따라 다른 모습으로 정의되어 왔다. 수학적 해석이 시공간의 지평을 넓힌 것처럼 당대의 천재 시인들은 자신의 시를 설명하기 위해 스스로 시론을 정립하고 시의 전체적인 모습에 해석 하나를 보태왔다. 시대마다 다른 문화패턴의 시각으로 투시된 시는 각각의 다른 모습을 보여준다. 사영기하학은 점, 직선, 평면을 기초로 하는 사영변환 공간 내에서 불변하는 도형의 성질을 대상으로 연구한다. 마찬가지로 시학詩學이란 어떤 의미에서는 불변하는 시의 실체나 영원성을 다루는 학문이다. 포에지(poesie)의 실체가 시인 각자의 투시에 의해 드러난 사영射影의 모습이 모든 시의 현 주소이다. 이 시의 모습을 놓고 사람마다 시의 명암과 형태를 달리해서 설명한다. 그 설명이 당대의 독자에게 마음에 들 수도 안들 수도 있다. 그러나 언어일반에 관한 규칙과 해석을 고민하다 보면 언어라는 형식에 의존하는 시의 얼개가 대충 드러난다.

언어의 『철학적 탐구』

비트겐슈타인의 『논리철학 논고』의 요점은 '언어의 기능은 세계를 묘사하거나 모사模寫하는 것이며 우리가 말할 수 있는 것은 어떻게 사실 또는 실재가 있는가에 관한 것뿐이다. 사실 또는 실재가 무엇인가에 관해서는 말할 수가 없다. 말할 수가 없는 것은 침묵해야 한다'라는 생각이다.

비트겐슈타인은 언어의 기능을 세계를 반영하는 그림에 비유한다. 그는 경험적 사실과 일치하는 그림의 언어명제는 참이며 경험적 사실과 일치하지 않는 그림의 언어명제는 거짓으로 보았다. 이때 '신'이나 '존재' 진선미 등의 형이상학적 개념들은 말할 수 없는(그림을 그릴 수 없는)것이므로 침묵해야 한다고 해서 선불교의 언어도단言語道斷 같은 신비주의 생각을 드러낸다.

그러나 비트겐슈타인은 사실상 언어의 한계를 넘어서는 종교적 입장의 철학을 세우고자 한 것은 아니다. 그는 수학과 논리학을 철학의 기초로 삼아 투명하고 명확한 언어명제로 세계를 기술하고자 하는 야심가였다. 비트겐슈타인도 수학적 사유를 좋아했던 러셀처럼 초기에는 일상 언어들이 마치 안개와 같은 다의적 의미로 실제 세계를 가리고 있다고 본 까닭이었다.

비트겐슈타인은 후기 저작인 『철학적 탐구』에서는 엄밀한 사유의 건축물에서 철학을 해방하고 있다. 한 사람의 철학자로서 언어를 즐기기도 하고 색깔을 비롯한 감각을 새로운 눈으로 보기도 하며 철학적 규칙을 선포하기보다 역설과 우화로서 글을 쓰기도 했다. 그는 '언어의 본질'이 있다고 생각한 전기 철학의 주장을 철회하고 개별적인 언어현상에 본질이라고 할 만한 공통 성질은 없다고 수정했다. 비트겐슈타인은 철학적 명제에 있어 문제가 되는 언어가 일상적인 문맥에서 어떻게 쓰이는지를 고찰해서 철학적 문제를 해명하고자 했다.

이 과정에서 '언어 놀이'의 개념이 등장한다. 단어의 의미는 대상과의 관계가 아니라 인간이 참여하는 삶의 형식에 따라 문맥이 달라진다고 보았다. 정치가들이나 시인들이 사용하는 애매모호하고 다의적인 언어들은 현실세계의 필요에 의해 사용된다. 이 언어들의 규칙은 수학과 같은 정교한 명제의 인공 언어들의 체계보다 더 복잡하고 다양한 체계를 가지고 있다고 생각했다. 언어는 더 이상 사물의 복사본으로서의 그림이 아니며 언어 의미는 실제 세계와 관계를 맺고 삶의 다양한 형식에서 발생한다. 은유와 상징의 언어는 그 나름의 규칙과 게임으로 세계상을 더 풍부하고 전체적으로 드러내어 인간의 삶에 관여한다.

소라게

주위에 소라게를 애완으로 키우는 사람들이 있다. 소라게는 자신의 보호를 위해 고둥류의 껍질을 사용하는 특이한 동물이다. 관심이 생겨 인터넷을 뒤져보니 다음과 같이 설명하고 있다.

소라게의 대부분의 종은 길고 나선형의 복부를 가지

고 있고 매우 부드럽다. 연약한 복부를 포식자에게 보호하기 위해 빈 복족류를 이용한다. 대부분의 소라게가 고둥류의 껍데기를 집으로 사용한다.(몇몇의 소라게는 공간이 있는 나무나 돌을 집으로 이용하기도 한다.) 소라게가 복부를 고정하기 위해 고둥류의 중축을 강하게 붙잡는다. 소라게가 성장하면 점차 큰 껍데기를 찾으며 그 전의 껍데기는 버린다. 이런 특성 때문에 사람들에게 Hermit crab(은둔자 게)로 불린다. 몇몇의 소라게들은 껍데기가 없이 지내는데 이것은 새로운 껍데기를 찾고 있는 것이다. 큰 소라게가 새로운 껍데기를 찾기 위해 전에 사용하던 껍데기를 버리면 조금 작은 소라게가 그 껍데기를 이용한다. 소라게는 자라면서 점점 더 큰 껍데기를 필요로 한다. 때때로 적당한 껍데기의 수가 부족한 경우가 있는데 이때에 각각의 소라게가 껍데기를 차지하기 위해서 격렬히 경쟁한다. 빈 껍데기의 수는 고둥류와 소라게의 수에 비례한다.

(네이버 지식백과)

　소라게가 자신의 생존을 위해 껍질을 뒤집어 쓰고 살듯이 인간도 언어와 관습이라는 껍질을 뒤집어 쓰고 산다. 언어는 일종의 생존 도구인 셈이다. 인간의 사유도 바위틈의 꿀을 꺼내고자 막대기를 든 유인원이나 바위칼이나 돌도끼를 든 원시인간의 의도에서 벗어나지 않는다. 인간은 바위틈의 꿀을 꺼내기 전에 바위틈의 모양과 깊이, 나뭇가지의 길이 등을 머릿속에서 계산한 후에 실행에 옮긴다. 사유는 추상적인 도구의 역할(simulation)을 하며 인간은 이를 언어 표현을 통해서 동료에게 자신의 의사, 즉 생각과 감정을 전달한다.

공자의 정명론正名論으로 과거의 철학자들은 언어의 의미를 대상을 지시하거나 반영하는 거울이라고 생각했으나 비트겐슈타인의 생각에 고정된 언어의 의미나 본질은 없다. 아이가 어머니에게 말을 배우듯 개인은 문화의 언어게임에 참여함으로써 게임에 내재된 규칙을 배우고 이를 통해 세계를 이해한다. 언어게임에는 도덕, 법, 관습 등의 사회규범과 일반 문화 등의 복합 언어규칙을 포함한다. 이는 마치 소라게가 자신을 보호하는 껍질을 취하고 환경과 조건이 변하면 버리듯이 언어의 의미는 상황과 문화관습의 차이에 의해 달라진다.

여기에서 언어의 의미란 신호등의 표지판과 같이 기호 자체에 있는 것이 아니다. 의미는 표지판에 반응하도록 훈련된 문화의 규칙과 기술에 적응한 인간의 참여에서 발생한다. 예를 들어 마야의 상형문자에 반응하도록 훈련되지 않은 현대인은 마야문자를 보고도 그 의미를 알 수가 없다. 그 기호는 대상을 지시하거나 세계상을 반영하지 않는다 (낯선 기호에 대한 반응으로서의 의미 작용은 있을 수 있다).

이런 생각은 주자의 격물치지格物致知와도 생각이 겹치는 부분이 있다. 주자는 인간의 앎을 위한 사유의 틀

(格物)을 인식의 필요조건으로 보았다. 인간은 언어라는 문화형식frame을 통해 세계를 이해하도록 훈련되었고 '앎(致知)'을 의존한다. 문화 형식은 소라게의 껍질처럼 세계로부터의 시야를 차단하는 역할도 한다.

기호학의 야심

언어를 기호학의 관점에서 바라보는 시도들이 있다. 기호학은 언어를 과학적 경험주의나 논리실증의 관점에서 언어의 규칙과 체계를 연구한다.

인간들은 문자를 포함한 상징(symbol)과 도상(icon), 지표(index)로써 자기의 생각을 표현하고, 다른 사람의 생각을 읽으며, 서로 의사를 소통한다. 여기서 자기 생각을 표현하거나 다른 사람의 생각을 읽어 내는 행위를 의미작용(signification)이라 하고, 의미 작용과 기호를 통해 서로 메시지를 주고 받는 행위를 커뮤니케이션이라 하며, 이 둘을 합하여 기호 작용(semiosis)이라 한다. 기호학은 엄밀하게 말하면 이 기호 작용에 관한 학문이다. 소쉬르에 따르면, 기호는 기표(記表:signifiant)와 기의(記意:signifie) 그리고 기호 자체로 구성된다.

만일 사랑하는 사람에게 장미꽃을 선물했다면, 내가 그를 사랑하는 마음이 기의이고, 꽃집에서 산 장미꽃은 나의 사랑하는 마음을 전달하는 수단, 곧 기표가 된다. 곧 기의가 기표와 결합하여 사랑을 표현하는 기호를 만들어낸 것이다. 장미꽃을 받아 든 사람은 그것을 선물한 사람의 의도를 해석한다. 이때 발생하는 현상을 의미 작용이라고 한다. 기표로써 기의를 표현하는 쪽뿐만 아니라 기표를 대할 때 그것을 해석하고 이해하는 쪽에서도 의미 작용이 일어난다.

(네이버 지식백과)

기호학은 인간의 문화 정신생활 전반을 모두 기호체계로 해석하고 인간은 기호의 요람에서 태어나 기호의 무덤에서 죽는다고 생각한다. 그러나 기호학은 언어 사용으로서의 파롤parole이 언어 사용의 저변에 깔린 묵시적 차이와 결합법칙으로서의 랑그langue의 부분집합으로 생각한다. 기호학자들은 인간이 랑그langue의 잠재적 언어 체계 내에 갇혀 있고 언어를 통해서만 세계를 이해할 수 있다는 가정 하에 세계 내의 삼라만상을 기호학의 체계에 가두고자 한다.

기호 체계로서의 주역周易

세계 운동과 현상을 기호의 체계로 가두고자 시도한 것이 동양의 역易이다. 주역의 역사는 아주 오래되었다.

하夏의 연산역連山易, 은殷의 귀장역歸藏易은 일찍이 없어지고 지금 남아 있는 것은 주역周易의 기호체계이다.

한대漢代의 학자 정현鄭玄은 "역에는 세 가지 뜻이 포함되어 있으니 이간易簡이 첫째요, 변역變易이 둘째요, 불역不易이 셋째다"라 하였고, 송대의 주희도 "교역交易·변역의 뜻이 있으므로 역이라 이른다"고 하였다.

이간이란 하늘과 땅이 서로 영향을 미쳐 만물을 생성케 하는 이법理法은 실로 단순하며, 그래서 알기 쉽고 따르기 쉽다는 뜻이다. 변역이란 천지간의 현상, 인간사회의 모든 사행事行은 끊임없이 변화한다는 뜻이고, 불역이란 이런 중에도 결코 변하지 않는 줄기가 있으니 예컨대, 하늘은 높고 땅은 낮으며 해와 달이 갈마들어 밝히고 부모는 자애를 베풀고 자식은 그를 받들어 모시는 것과 같다는 것이다.

주희의 교역이란 천지와 상하 사방이 대대對待함을 이르는 것이고, 변역은 음양과 주야의 유행流行을 뜻하는 것이라 하였다. 『설문說文』에는 역이라는 글자를 도마뱀(易, 守宮)이라 풀이하고 있다. 말하자면, 易자는 그 상형으로 日은 머리 부분이고 아래쪽 勿은 발과 꼬리를 나타내고 있다. 도마뱀은 하루에도 12번이나 몸의 빛깔이 변하기 때문에 역이라 한다고 하였다. 또, 역은 일월日月을 가리키는 것이고 음양을 말하는 것이라고도 하였다. 이상 여러 설을 종합해 보면 역이란 도마뱀의 상형으로 전변만화하는 자연·인사人事의 사상事象을 뜻

하는 것이라고 할 수 있다. (네이버 지식백과)

　주역은 우주본체(태극)를 음양의 운동으로 나누고 이를 다시 태양太陽, 소양少陽, 소음少陰, 태음太陰의 사상四象으로 구분한다. 사상四象에 다시 음양을 곱해 팔괘八卦의 변화를 만들었는데 건乾, 태兌, 리離, 진震, 손巽, 감坎, 간艮, 곤坤이다. 이와 같은 체계는 우주만물은 하나에서 나와 하나로 돌아가는 유기적 변화의 구조이고, 현상 세계는 모두 상대적 음과 양의 대극對極으로 존재하며, 존재와 변화는 사상四象, 팔괘八卦, 육십사괘六十四卦의 형식으로 존재와 변환을 거친다는 형식논리로 출발한다.

　과거에 주역을 공부했던 고대의 학자들은 이 기호형식이 세계 내의 모든 문제를 설명한다고 믿었다. 현실에서 공명을 얻지 못했던 공자는 운명의 이치를 찾아 가죽 끈이 세 번 끊어지도록 주역을 참구해서 지천명知天命에 이르렀다고 생각했다. 공부라면 둘째가로서는 섭섭한 다산 정약용 선생도 만년에 『주역사전周易四錢』을 썼는데 공간의 변화에 시간의 변화를 더한 사차원의 입장에서 주역을 해석한 책이다.

　주역에 깊이 빠진 사람들은 이 기호형식이 세계의 모든 현상과 운동을 설명할 수 있다고 믿지만 현대물리학은 이보다 더 복잡한 견해를 가지고 있다. 미립자들의 운동과 원소주기율표상의 원자들의 조합과 해체, 화학

물질들의 반응, 거시천문학의 별들의 운동은 현대 수학의 다차원 수리방정식으로도 충분히 기술할 수가 없다.

　기호란 세계를 해석하고 표현하는 인간의 자의적 사유 내의 도구일 뿐 세계 전체를 드러낼 수가 있는 것은 아니다. 과학자들은 어떤 의미로는 자연법칙을 언표한다는 점에서 기호학자이기도 하다. 그러나 한 시대의 지배적이었던 과학적 해석들이 무너지고 다른 패러다임이 드러나는 과학의 역사가 인간이 파악한 기호체계의 불완전함을 증명한다. 이런 상황에서는 비트겐슈타인의 '말할 수 있는 것(기호체계의 명제로 세울 수 있는 것)'에 한해 철학의 한계를 정하고자 했던 겸손한 시도가 오히려 의미가 있다.

사고 형식의 집합

　비트겐슈타인은 신과 존재 진선미 같은 형이상학의 개념들을 '말할 수 없는 것은 침묵해야 한다'고 정리하고 철학의 대상에서 제외했다. 그러나 종교와 예술 등의 중요성을 간과한 것은 아니다. 오히려 그는 이런 명제들은 인간의 삶의 실천에서 드러난다고 보았다. 그는 당대의 재벌 아버지로부터 받은 재산을 모두 형제들에게 나누어주고 본인은 수도승 같은 생활로 자발적 가난을 실천했다.

　비트겐슈타인이 '말할 수 없는 것'으로 정의한 세계

의 '참모습'은 석가가 새벽의 보리수 나무 아래서 각성했을 때의 상황과 비슷하다. 석가는 다음과 같이 생각했다고 전한다. '내가 깨달은 이 법法은 참으로 증득하기 어렵다. 참으로 심오하여 오로지 현자만이 알 수 있는 것이다. 어찌 애욕에 빠져있는 세상 사람들에게 "모든 것이 인연에 의해 생하고 인연에 의해 멸한다"라는 이치나 모든 애욕이 없어지고 번뇌가 없어진 열반의 경지를 알릴 수 있을 것이랴. 이 법法을 설한다고 해도 그들은 깨달을 수 없을 것이고 나는 그저 피로를 더함에 지나지 않을 것이다'라고 고민했다. 석가는 수행에 의해 깨달은 미묘한 법法의 언표 가능성을 회의했고 실제로 임종 시에 자신은 한마디의 법法도 설한 바가 없다고 하여 방편方便으로서의 설법을 행했을 뿐, 법法의 언표 가능성을 부정했다.

현실 세계의 본성과 실재實在에 대한 물음은 플라톤 이래 많은 철학자들이 고민해 온 문제이다. 플라톤은 현상의 종합적 통일을 넘어서 감관과 지성으로서도 파악이 불가능한 '이데아(Idea)'라는 관념을 설정했다. 플라톤은 세계 질서의 자연현상을 이데아의 불완전한 모사mimesis로 봄으로써 이데아를 정점으로하는 건축 이미지의 세계질서를 가정했다. 이런 생각은 아우구스투스의 중세철학과 버클리의 사유, 헤겔의 '절대정신'과 칸트의 '물자체'라는 관념론까지 이어진다.

일반 서민들은 경험하는 지각 세계와 진리 개념으로

서의 형이상학의 세계를 구분하지 않는다. 석가와 같은 종교적 천재나 플라톤같은 사유의 천재들이 양자를 구분하고 경험세계를 넘어선 형이상학의 질서를 전제한다. 형이상학에 대한 판단으로서의 철학자들의 해석은 형식만 다를 뿐 모두 우주 자체의 본성에 관한 질문을 공통점으로 한다. 헤겔의 절대정신의 변증법적 자기 전개로서의 세계 운동을 물질의 변증법적 자기운동으로 바꾼 마르크스의 철학도 사고 형식의 차이이다. 석가의 법法을 필두로 해서 모두 세계 자체의 본성이 무엇인가에 대한 대답을 추구한 것이다. 사영기하학의 도형처럼 광원光源의 물체는 동일한데 좌표의 차이에 의해 도형의 모습이 달라지듯이 개인마다 추상하는 방법과 스타일의 '차이difference'가 사고 형식의 차이를 만들고 있다.

과학과 종교와 예술의 형식

일반 언어의 문법에서 더 나아간 고급 상징으로서의 문법체계로 과학과 예술과 종교가 있다. 모두 인간이 세계를 파악하는 언어 형식 체계가 다른데 다른 말로 하면 상징 체계가 다르다고도 할 수 있다. 과학은 자연현상의 질서와 규칙을 표현하기 위한 개념이자 상징이며, 예술은 인간의 사유와 정서를 미적 형식으로 드러내는 상징이며 종교는 인간이 세계를 종교적 진리 형식으로 파악한 상징 체계를 사용한다.

  과학에서의 시간과 공간이라는 언어 상징이 과학의 지평이 넓어짐에 따라 시대마다 다르게 의미 변화를 겪어 왔다. 미와 종교적 상징의 의미도 시대와 지역에 따라 다른 문화적 의미를 인간에게 제공한다. 이런 생각은 언어 형식으로서의 문법이 문화적 사고의 살아있는 표현으로서 기능하는데 결국 인간의 삶이 자연환경에 반응하는 형식의 하나라는 귀결에 이르게 된다.

  인간의 정신 및 언어문법이 과학과 예술과 종교형식으로 다양하게 드러남은 인간의 내면과 의미 작용이 그만큼 복잡하다는 얘기다. 뇌 과학은 인간의 사고 체계가 본능과 욕망을 담당하는 뇌간腦幹과 감정을 담당하는 변연계와 기억과 추상을 담당하는 신피질로 구성되는 모델을 제공한다. 이 세 기관은 인간의 감각 자료를 독자적인 회로방식으로 처리하면서도 전체적으로는 해석을 통합 공유한다. 마치 과학과 예술과 종교가 다른 문법 체계를 사용해서 인간에게 풍부한 인식의 세계모델을 제공하는 것과 같다.

  과학과 예술과 종교의 상징 형식이 다르다고 해서 대상인 세계의 실제가 다른 것일까. 인간은 자신이 포함된 유니버스Universe가 연속체로서의 단일한 실재임을 직관한다. 현대 물리학은 플랑크상수로 구성된 시공간의 '끈string'들이 약력과 강력, 전자기력과 중력의 네 가지 힘의 형식으로 물리우주를 디자인한 모델을 제공한다. 현대 천문학은 우리 태양계가 포함된 약 1250억의 은하계가 빛의 속도로 팽창하는 유니버스Universe의 모델을 제공한다. 이러한 세계의 본질을 철학자들은 형이상학의 일자一者로 직관하고 과학자들은 에너지와 힘의 질서로 구성된 상징모델을 제공한다. 전문 분야의 발화 주체가 모두 같은 실체를 대상으로 다른 언어 상징으로 드러내고 있다는 생각을 지울 수 없다.

시의 형식

오늘날의 시가 전통 서정시에서 포스트모던의 해체시들까지 다양한 모습의 형식으로 드러나는 것은 인간의 인식지평이 넓어짐과 관계가 있다. 수학의 역사를 통해 인식의 지평을 넓혔지만 여전히 일상생활에서는 유클리드기하학을 적용하고 특수한 건축이나 복잡한 기능을 제어하는 시스템 설계 등에 위상기하를 적용하는 형식의 복잡함과 닮아있다.

위상기하topology는 진흙의 집합이 공이나 막대기의 위상으로 드러난다 하더라도 모두 진흙 물질의 불변하는 성질을 공유하는 집합으로 간주한다. 다른 예로 커피잔의 손잡이 구멍과 던킨도너츠의 구멍은 구멍이라는 불변하는 속성을 공유하는 한 위상적으로 동일한 것으로 간주한다. 시를 위상기하학의 전개모델을 빌려 설명할 때 전통 서정시로부터 해체시에 이르는 현대시의 형식모델에서 불변하는 공유 속성을 전제해야 한다.

변하지 않는 시의 근본형식은 무엇일까? 비트겐슈타인이라면 이런 형이상학의 문제들은 언어명제로 드러낼 수 없으므로 '말할 수 없는 것은 침묵해야 한다'라고 설명할 것이다. 이 문제를 발터 벤야민의 예술철학을 빌려 설명해보자.

발터벤야민은 비트겐슈타인과는 달리 '진리의 언어'를 가정한다. 구약 창세기는 "태초에 하나님이 천지를 창조하시니라....빛이 있으라 하니 빛이 있었고'라는 문장에서 시작한다. 이 하나님을 요한복음에서는 '태초에 말씀이 계시니라 이 말씀이 하나님과 함께 계셨으니 이 말씀은 곧 하나님이시니라'라고 언명한다. 양자를 종합하면 '하나님(조물주)=말씀'이니 태초에는 신성한 언어가 세상을 창조한 셈이 된다. 이 신성한 언어는 그리스의 로고스(logos)와 성리학의 '리理'와 도교의 '무극無極'과 불교의 '법法'에 해당하는 개념으로 유추할 수 있는데 사물의 근본 질서로서의 본성本性에 해당한다.

벤야민의 생각으로는 언어의 본질은 신의 말씀처럼 존재를 있게 하는 창조의 기능이며, 아담이 에덴의 사물에 이름을 붙인 것처럼 사물의 모습을 현전現前시키는 데 있다. '바벨의 언어' 이전의 '말씀'은 모든 사물을 존재케 하는 근원적 힘이 있는 '말씀'이었으나 바벨사

건 이후 언어는 타락해서 이러한 힘을 잃어버렸다고 생각한다. 언어에 대한 이 알레고리는 인구가 늘고 인간의 문화가 발달하면서 언어가 '사물언어'에서 '표상언어'로 이행하였음을 드러낸다. 언어는 사물의 참모습을 개시하는 힘을 잃어버리고 단지 인간의 자의적 지시 기능을 수행하는 도구와 기호에 불과해졌다는 생각이다.

벤야민은 예술과 시의 언어에 '아담의 언어'가 아직 살아있다고 본다. 예술은 사물언어에 뿌리를 두고 있으며 이 언어는 '이름도 없고 음향도 없는 언어들이며 동시에 사물로 된 언어들'이다. '예술 형식의 인식은 이 사물언어들을 인간의 언어로 번역하고, 그것들과 사물언어들의 연관을 찾는 시도'라고 벤야민은 정의한다.

위상기하학이 도형의 변환에도 불구하고 불변하는 위상의 속성을 드러내고자 하는 것처럼 시도 벤야민의 생각에 의하면 그 형식과 표현의 자유로움에도 불구하고 '아담의 언어' 즉 '사물의 참모습'을 드러내는 진리 개시의 기능이 있어야 한다. 이러한 생각은 하이데거가 예술의 기능을 진리 개시로서의 '존재의 탈은폐'를 말한 개념과도 유사하다.

시인의 길, 신인의 길

예술 일반이 그렇지만 시는 형식을 가지고 있다. 시

는 시경詩經의 풍風, 아雅, 송頌부터 현대의 해체산문시에 이르기까지 수많은 형식의 모습을 가지고 있지만 모두 시poesie라는 광원光源의 투사이다. 시poesie는 시대의 스크린에 의해 다른 모습으로 나타날 뿐이다. 시인이 한 편의 시를 영감에 의해 단숨에 쓰는 수도 있지만 작품이 만족스럽지 않을 경우 수정과 퇴고를 한다. 시인이 생각하기에 보다 완전한 시poesie의 모습에 다가가기 위해서다.

현대시의 자유시 형식이 시경詩經보다 더 형식의 발전을 이룬 것일까. 시가 소설이나 희곡의 장르보다 형식의 우월이 있는 것일까. 고전의 위대한 작품들을 보면 형식에 상관없이 드러난 표현과 주제는 모두 시poesie의 광원光源을 향해 초점을 맞추고 있다는 생각이 든다. 사영射影된 작품은 광원의 무한한 밝음과 투영의 그림자를 드러낸다. 독자는 작품들이 얼마만큼 미묘한 명도와 채도의 대조로 시poesie를 드러냈는가의 기준으로 시의 감동과 심미審美를 향유한다.

인간의 문화에서 세계의 본질이나 실재實在를 드러내는 상징형식도 시대마다 유행을 타는 것 같다. 그리스 시대는 예술이, 중세에는 종교가, 근대에는 철학이 주름잡더니 근세에는 과학기술이 실재實在의 모습을 더 잘 드러내고 있다고 주장한다. 오죽하면 수학의 방법론으로 언어를 분석해서 인간사유의 그림을 검증하겠다고 나선 비트겐슈타인과 논리실증주의자들의 발흥을 가져

왔을까.

　현대 미학은 인쇄술과 사진과 영화에 의한 기호의 대량 복사가 예술품의 사본을 매우 싼값으로 유통시킨 이후 원본의 아우라는 사라졌다고 주장한다. 플라톤이 이데아 모사인 현실을 또 모사한 예술작품을 '시뮬라크르 simulacre'라고 경멸을 담아 이야기한 예술작품들이 인터넷에서 무수한 카피로 돌아다닌다. '시뮬라크르'의 '시뮬라크르'가 투사하는 이중거울의 이미지들이 중중무한重重無限으로 늘어선 가상세계의 화엄華嚴에 현대인은 살고 있다.

　언제든지 읽을 수 있는 시들이 인터넷에서 즐비하기에 시집은 팔리지 않고 시 한 편의 가치는 감소했다. 장르가 다른 예술작품의 생산이 다양하기에 시형식의 장르의 희귀함도 상대적으로 감소했다. 변기를 예술작품으로 둔갑시킨 마르셀 뒤샹의 '샘' 이후로 개념만 붙일 수 있으면 백화점에 산더미처럼 쌓인 상품이 모두 예술품의 지위를 획득하는 시대가 됐다.

　현대의 신인들이 시뮬라크르의 미학에 의한 유행이나 창작 태도를 지금의 사조와 맞추겠다면 그 역시 자유로운 선택이다. 그러나 시의 복제는 상품의 복제와 영상의 복제의 속도를 따라갈 수가 없다. 지금의 시는 이미 서점에서 밀려난 시집처럼 상품시장에서 파산선고를 받고 경매처분을 기다리는 중이다. 시인들이 시의 새로운 형식과 철학적 가능성을 발견해야 하는 이유이다.

유대교나 이슬람교에서 신의 '형상形象금지'를 시킨 이유처럼 예술작품이 드러내고자 하는 '시poesie'는 어떤 의미로는 표현할 수 없는 것의 영역에 있다. 비트겐슈타인이 '말할 수 없는 것'이라고 생각한 영역이다. 그럼에도 불구하고 수많은 예술작품 및 시들이 '시poesie'의 파편과 부분으로서 제작된다. 개별 작품에는 작가의 심혼을 통해 드러난 '시poesie'라는 실재의 모습이 부분으로 들어가 있다. 한 편의 시는 시poesie의 광원光源을 기준선으로 작품을 투사선으로 하는 홀로그램hologram의 시야에 의해 전체의 모습으로 드러난다. '시뮬라크르simulacre'의 세계는 실재實在라는 광원의 불빛이 없으면 한 순간에 어둠으로 환원된다.

참고도서

레이몽크, 『HOW TO READ 비트겐슈타인』, 웅진지식하우스, 2007년
진중권, 『현대미학 강의』, 아트북스, 2010년
김석진, 『대산주역 강의』, 한길사, 1999년
라마찬드란, 『명령하는 뇌, 착각하는 뇌』, 시공사, 2012년
다비드 힐베르트, 『기하학과 상상력』, 살림, 2012년

■ **시집 『기호의 고고학』 출간 연혁(沿革)**

2013년 5월 20일 1쇄 1,000부 발행
2016년 5월 31일 2쇄 300부 발행 (개정판)